तलाश साहिल की

तलाश साहिल की

निकाल दे मेरी कश्ती भँवर से ऐ मौला।
बहुत दिनों से है जारी तलाश 'साहिल' की।।

मोहम्मद अली 'साहिल'

वाणी प्रकाशन

प्रकाशन के उत्कृष्टतम 60 वर्ष

vaniprakashan.com

सजिल्द प्रथम संस्करण : 2023

वाणी प्रकाशन

4695, 21-ए, दरियागंज, नयी दिल्ली-110 002

फ़ोन : +91 11 23273167, 23275710

शाखाएँ

अशोक राजपथ, पटना-800 004, बिहार

कॉफ़ी हाउस कैम्पस, महात्मा गांधी मार्ग, इलाहाबाद-211 001, उत्तर प्रदेश

महात्मा गांधी अन्तरराष्ट्रीय हिन्दी विश्वविद्यालय, वर्धा-442 001, महाराष्ट्र

36/ए, शेक्सपियर सरणी, रानी बिरला गर्ल्स कॉलेज के पास, कोलकाता-700 017, प. बंगाल

sales@vaniprakashan.in
vaniprakashan@gmail.com

Talash Sahil Ki
by Mohammad Ali 'Sahil'

ISBN : 978-93-5775-747-8
Ghazal Collection

मूल्य : ₹ 399

आर. टेक ऑफ़सेट प्रिंटर्स, दिल्ली-110 032 में मुद्रित

वाणी प्रकाशन का लोगो मक़बूल फ़िदा हुसेन की कूची से

समर्पित

मरहूम वालदैन की यादों, शरीक-ए-हयात

की रिफ़ाक़तों और बच्चों की

चाहतों के नाम

अनुक्रम

ग़ज़लें

नज़्म

क़तआत/मुक्तक

मुतफ़र्रिक़ अशआर

मेरी बात

पहला क़दम (देवनागरी-2012) और किरदार (उर्दू-2014) के बाद दोस्तों, करम फ़रमाओं की बेपनाह मोहब्बत और अरबाब-ए-शेर-ओ-अदब की हौसला अफ़जाई ने हिम्मत अता की है कि एक बार फिर आपके दर-ए-एहसास पर दस्तक देते हुए अपना तीसरा मजमूआ 'तलाश साहिल की' लेकर आपके रू-ब-रू आने की जसारत करूँ।

मैं वही हूँ जो पिछले मजमूओं में था, पर वक़्त बहुत तेज़-रफ़्तार से आगे बढ़ रहा है और गुज़िश्ता 8 वर्षों में जो कुछ मैंने कहा और लिखा है, सोचा कि उसे काग़ज़ी अमीन के सुपुर्द कर दूँ जिससे कि मेरी पहुँच बा-आसानी आप सब तक एक बार फिर से हो सके। इस तहरीर की तवालत से गुरेज़ करते हुए कम से कम अल्फ़ाज में अपना जज़्बा और एहसास आप तक पहुँचा सकूँ और तफ़सीली तहरीर की कोई ज़रूरत इसलिए नहीं है क्योंकि अपने बारे में बार-बार लिखकर अपने क़ारी का वक़्त ज़ाया करना ग़ैर-मुनासिब होगा।

इस मजमूए की तरतीब और कम्पोज़िंग में मेरे प्यारे से भाई जैसे दोस्त शकील गयावी साहब और मेरे अदबी सरपरस्त मोहतरम वासिफ़ फ़ारूक़ी साहब की बेपनाह मोहब्बतों की शुमूलियत इस मजमूए की इशाअत में मेरा सबसे बड़ा सहारा बनी है, जिसके लिए मेरे पास ऐसे अल्फ़ाज नहीं हैं जिन्हें शुक्रिये के तौर पर इस्तेमाल किया जा सके।

हमेशा की तरह, आपकी दुआओं का मुन्तज़िर,

—मोहम्मद अली 'साहिल'

साहिल की तलाश में मोहम्मद अली 'साहिल'

हिन्दी रस्मुलख़त में मोहम्मद अली 'साहिल' का एक मजमूआ मंज़र-ए-आम पर आने को है, जो मुसव्वेदा मेरे सामने है और इस पर मुझे अपने तअस्सुरात रक़म करने हैं। यह साहिल का 10 बरस में तीसरा शेरी मजमूआ होगा जिसे शाया करके वह अपने हर तबक़े के क़ारी तक पहुँचना चाहते हैं। उनके पिछले दोनों मजमूओं में मेरी तहरीरी शेरी शुमूलियत रही है और इस किताब में भी उनकी ख़्वाहिश का एहतेराम करते हुए मुझे कुछ लिखना है, लेकिन मसअला यह है कि अगर मैं इख़तेसार से काम लेकर सिर्फ़ नेक ख़्वाहिशात और दुआएँ नज्र करूँ तो यह साहिब-ए-किताब को पसन्द नहीं आयेगा और अगर तफ़सीलात लिखने बैठूँ तो ख़ुद को दोहराने जैसा अमल होगा जो मुझे अच्छा नहीं लगेगा।

फिर भी पुलिस जैसे सख़्तगीर महकमे में अपनी मन्सबी ज़िम्मेदारियाँ निभाने के साथ-साथ शेर-ओ-अदब से बे-पनाह लगाव और ख़िदमत-ए-शेर-ओ-अदब का जज़्बा जो साहिल के सीने में एक तलातुम की सूरत में रक़्स करता रहता है उसकी सताइश बरहाल लाज़िम है। मेरे साबिक़े में बहुत कम ऐसे लोग हैं जो अपने शौक़ को जुनून की हद तक परवरिश करने का अज़्म रखते हैं और हमा-वक़्त बेहतर से बेहतर की सिम्त सफ़र करने पर कमर बस्ता रहते हैं।

इस शेरी मजमूए में जगह-जगह ऐसे एहसासात, मुशाहिदात और तजरबात अशआर की शक्ल में बिखरे हुए हैं जिनसे साहिल के मिज़ाज को बा-आसानी से समझा जा सकता है। ज़िन्दगी के नशेब-ओ-फ़राज़, तलख़ियाँ, मसर्रतें सब उनकी आँखों के सामने हैं, जिन्हें शेरी पैकर में ढालकर वह अपने इज़हार का वसीला करते हैं।

किताब के उनवान के तौर पर उनका शेर—

निकाल दे मेरी कश्ती भँवर से ऐ मौला।
बहुत दिनों से है जारी तलाश 'साहिल' की।।

उनकी ख़ुदावन्दे क़ुद्दूस की बारगाह में ऐसी इल्तजा है जिसके मुस्तजाब होने की दुआ लाज़िम है।

आओ तक़्सीम करें गंग-ओ-जमन की ख़ुशबू।
देखो दुनिया में मोहब्बत के सिवा कुछ भी नहीं।।

किसी के दर्द से फ़ुर्सत मिले तो सोचूँगा।
अभी तो वक़्त के ज़ख़्मों को भर रहा हूँ मैं।।

अँधेरी रात गुज़रेगी सहर भी आयेगी 'साहिल'।
छँटेगी तीरगी बस तुम ज़रा सा हौसला रखना।।

अगर है जीतना मक़सद तो फिर बताये कोई।
वो जान-बूझ के बाज़ी को हारता क्यों है।।

तीरगी में मुझे जुगनू की तरह रहना है।
चाहता कब हूँ कि मैं चाँद सितारा हो जाऊँ।।

हमें कसक ही रही उसको देखने की मगर।
ये बात दिल की ज़बाँ तक कभी भी ला न सके।।

हुक्म पर उनके सर झुका लें क्या।
अपनी आवाज़ को दबा लें क्या।।

यह चंद अशआर उनकी फ़िक्र की वुस्अत की तरजुमानी करते हुए आपको आमादा करेंगे कि उनका ये शेरी मजमूआ पढ़ा जाना चाहिए और इसे बुकशेल्फ़ की ज़ीनत नहीं बल्कि अपने सिरहाने की ज़रूरत बना के रखा जाये।

मुझे उम्मीद-ए-कामिल है कि पिछले मजमूओं की तरह उनका ये मजमूआ भी क़ारिईन के दिलों को राहत और आँखों को चमक अता करेगा और उनके आइन्दा शेरी कारनामे का मुन्तज़िर बना देगा।

नेक ख़्वाहिशात के साथ।

—इंजी. वासिफ़ फ़ारुक़ी

(22/8/2022)

मोहम्मद अली 'साहिल' दानिशवरों की नज़र में

'साहिल' की शायरी एक तहज़ीब है...

साहिल साहब की ग़ज़लों में ग़ज़ल कहने की जो तहज़ीब है और जो तग़ज़्ज़ुल है वो मुझे अत्यन्त मौलिक व अनुपमेय लगा। उन्होंने जीवन जगत के भिन्न-भिन्न पक्षों पर बड़े ही सुन्दर और हृदय को छूने वाले शेर कहे हैं। अनेक अशआर ऐसे हैं जो ज़बान पर बरबस ही ठहर जाते हैं। सूक्ष्मता, गेयता और रसार्द्रता उनके सभी अशआर में विद्यमान है। आश्चर्य की बात है कि साहिल साहब पुलिस विभाग में उच्च पद पर रहते हुए भी ग़ज़ल कहने के लिए वक़्त निकाल लेते हैं और छोटी व बड़ी बहरों में ग़ज़ल कहने में इतनी महारत हासिल कर चुके हैं जो अनेक शायरों को आसानी से प्राप्त नहीं हो पाती।

—पद्मभूषण डॉ. गोपाल दास 'नीरज'

(06/05/2012)

‘साहिल’ मेरी नज़र में

जनाब मोहम्मद अली ‘साहिल’ के कुछ अशआर पढ़ने का शरफ़ मिला। रिवायती गुल-बूटे में अस्त्र-ए-हाज़िर के रंग-ओ-बू ख़ूब-ख़ूब नुमायाँ हैं। उनकी फ़िक्र की सच्चाइयों में बड़ी ऊँचाइयाँ उजागर हैं। साहिल साहब फ़न्नी एतेबार से सीधी डगर पर चलते नज़र आते हैं। इन दिनों उर्दू ज़बान से जो सुलूक किया जा रहा है, साहिल साहब सीना सिपर हैं। मेरी दुआएँ हैं कि साहिल साहब ज़बान-ओ-अदब की हिफ़ाज़त में अगली क़तार में रहें।

—पद्मश्री बेकल उत्साही

(21/05/2012)

हर्फ़े-चन्द

'साहिल' पेशे के एतेबार से पुलिस महकमे में एक मुअज़्ज़िज़ ओहदे पर फ़ाएज़ हैं। इस महकमे में चाहे जितनी भी ख़राबियाँ हों मगर इसकी सबसे बड़ी अच्छाई यह है कि ये महकमा इन्सानी नफ़सियात को जितनी अच्छी तरह समझता है, शायद हमारे मुल्क का कोई दूसरा महकमा इसका मुक़ाबला न कर सके। इन्सानी ज़िन्दगी ख़ैर और शर दोनों के तारों से बुनी गयी है। मुझे उम्मीद-ए-कामिल है कि साहिल का अदबी सफ़र इसी तरह आगे बढ़ता रहेगा और मुस्तक़बिल में शेरी अदब में ख़ुशगवार इज़ाफ़े भी होते रहेंगे।

—डॉ. मलिकज़ादा मंज़ूर अहमद

(12/05/2012)

'साहिल' हौसले का शायर

'साहिल' साहब को आसान लिखने के आदाब से दिलचस्पी है। उनकी ज़बान की सादगी, उनका अवाम से गुफ़्तगू करने का हौसला, उनकी ख़्वास से भी दाद लेने की ख़्वाहिश, उनकी तरक़्क़ी की ज़ामिन है। बिरादरम वासिफ़ फ़ारुक़ी की इलमी सुहबत व उनसे शेरी मशवरे यक़ीनन 'साहिल' साहब को आसान गोई और ख़ुशकलामी की एक पुरकशिश शख़्सियत बना देंगे। पुलिस के माहौल में रहकर भी अच्छे शेर कहना वाक़ई उनकी साफ़गोई और इनफ़िरादियत की पहचान है। मैं 'साहिल' साहब के रौशन मुस्तक़बिल के लिए दुआ-गो हूँ।

—डॉ. अनवर जलालपुरी

(08/05/2012)

‘साहिल’ की शायरी

मोहम्मद अली ‘साहिल’ मुझे इसलिए अच्छे लगते हैं कि उनकी ग़ज़ल में हमारे अह्द के कर्ब और उदासी की ज़िन्दा तस्वीरें मुस्कुराने की कोशिश करती हुई दिखाई देती हैं। हालाँकि उन्होंने अपना शेरी सफ़र देर से शुरू किया लेकिन वो अदबी और तहज़ीबी तौर पर पूरी तरह से माला-माल हैं। उम्मीद है कि उनका अदबी सफ़र अदब के लिए अच्छा शगुन साबित होगा।

—मुनव्वर राना

(05/06/2012)

ग़ज़लें

1

हो के दरिया भी मैं कुछ देर को प्यासा हो जाऊँ।
ऐसे खो जाऊँ खिलौनों में कि बच्चा हो जाऊँ।।

तीरगी[1] में मुझे जुगनू की तरह रहना है।
चाहता कब हूँ कि मैं चाँद सितारा हो जाऊँ।।

चन्द लम्हात को चेहरे पे तबस्सुम[2] तो रहे।
इससे पहले कि ग़म-ए-यार[3] का मारा हो जाऊँ।।

मुझको तौफ़ीक़[4] अता कर दे मेरे रब्बे-करीम[5]।
मैं ज़माने में यतीमों[6] का सहारा हो जाऊँ।।

वो ब-ज़ाहिर मेरा दुश्मन तो नहीं है लेकिन।
चाहता है कि सर-ए-बज़्म[7] मैं रुसवा[8] हो जाऊँ।।

मुझको जीने का सलीक़ा[9] भी नहीं है 'साहिल'।
कहीं ऐसा न हो दुनिया में तमाशा हो जाऊँ।।

---

1. तीरगी=अन्धकार, 2. तबस्सुम=मुस्कान, 3. ग़म-ए-यार=मित्र का दुख, 4. तौफ़ीक़=हौसला, 5. रब्बेकरीम=हे कृपालु ईश्वर, 6. यतीम=अनाथ, 7. सर-ए-बज़्म=सभा के समक्ष, 8. रुसवा=बदनाम, 9. सलीक़ा=सभ्यता।

2

वो जिसकी ज़ात[1] पर सबको यक़ीं है।
वही तो रब है रब्बुल-आलमीं[2] है।।

करिश्मे क्यों न हों आख़िर यहाँ पर।
क़लन्दर[3] और शाहों की ज़मीं है।।

लहू जो जिस्म में हलचल मचा दे।
वो मंज़र[4] आँख ने देखा नहीं है।।

यही मेराज[5] है दीवानगी की।
तेरी हर बात पर मुझको यकीं है।।

ये माँ के पाँव हैं पलकों से चूमो।
तुम्हें मालूम है जन्नत यहीं है।।

मेरे आँसू ब-ख़ूबी जानते हैं।
मेरी ग़मख़्वार[6] मेरी आस्तीं[7] है।।

वो क्या समझेगा दरिया की रवानी[8]।
जो 'साहिल' तक अभी पहुँचा नहीं है।।

---

1. ज़ात=अस्तित्व, 2. रब्बुल-आलमीं=सारे संसार का मालिक, 3. क़लन्दर=साधु, 4 मंज़र=दृश्य, 5. मेराज=ईश्वर से मुलाक़ात का समय, 6. ग़मख़्वार=दुख दर्द बाँटने वाला, 7. आस्तीं=आस्तीन, 8. रवानी=प्रवाहता।

3

जिधर देखता हूँ जहाँ देखता हूँ।
मैं हर शय[1] में उसको निहाँ[2] देखता हूँ।।

ज़मीं देखता हूँ ज़माँ देखता हूँ।
तसव्वुर[3] में सारा जहाँ देखता हूँ।।

वो मालिक है, ख़ालिक़ है, माबूद[4] भी है।
उसे हर नफ़स[5] दरमियाँ देखता हूँ।।

मचलता है फिर आँसुओं का समन्दर।
गुनाहों के जब मैं निशाँ देखता हूँ।।

निदामत[6] ने उसको शरफ़[7] ऐसा बख़्शा।
उसे आज-कल शादमाँ[8] देखता हूँ।।

मुझे ज़िन्दगी तेरी दरकार कब है।
मोहब्बत का मैं इम्तिहाँ देखता हूँ।।

निकल ही पड़ा हूँ मैं तन्हा सफ़र में।
तेरी याद का कारवाँ देखता हूँ।।

जो हँसता है औरों की ख़ातिर मैं उसके।
कई ज़ख़्म दिल में निहाँ देखता हूँ।।

नज़र आती है उसकी रहमत[9] भी 'साहिल'।
मैं जब बा-वज़ू आसमाँ देखता हूँ।।

---

1. शय=आकृति, 2. निहाँ=छिपा हुआ, 3. तसव्वुर=ध्यान, 4. माबूद=मालिक, 5. नफ़स=श्वांस, 6. निदामत=पश्चात्ताप, 7. शरफ़=सौभाग्य, 8. शादमाँ=ख़ुशहाल, 9. रहमत=कृपा।

4

ये दर्द का है मुसल्सल[1] जो सिलसिला क्यों है।
नज़र बचा के कोई दिल में झाँकता क्यों है।।

नहीं है कोई तअल्लुक़ अगर मेरा तुझसे।
तो फिर ये चेहरा तेरा ज़र्द-ज़र्द[2] सा क्यों है।।

फ़रेब खा के भी वादे पर ऐतबार[3] किया।
सुबूत फिर भी वफ़ा का वो माँगता क्यों है।।

अगर है जीतना मक़सद तो फिर बताये कोई।
वो जान-बूझ के बाज़ी को हारता क्यों है।।

अजीब लोग हैं उस पर सवाल करते हैं।
कभी तो सोचें कि आख़िर वो ग़मज़दा[4] क्यों है।।

अगर है दौर-ए-तरक़्क़ी तो दौर-ए-हाज़िर[5] में।
बताओ मुझको कि हर सिम्त[6] कर्बला[7] क्यों है।।

रगों में एक ही जैसा है ख़ून जब 'साहिल'।
तो फिर ये सोच सभी की जुदा-जुदा क्यों है।।

---

1. मुसल्सल=लगातार, 2. ज़र्द-ज़र्द=पीला-पीला, 3. ऐतबार=भरोसा, 4. ग़मज़दा=कठिनाईयुक्त, 5. दौर-ए-हाज़िर=वर्तमान काल, 6. सिम्त=दिशा, 7. कर्बला=त्राहिमाम।

5

क्या कहें ज़िन्दगी में क्या कम है।
आज कल उससे राबता[1] कम है।।

दिल में रखता है जो यक़ीन तेरा।
उसका दुनिया में वास्ता कम है।।

वो जो मिलता है सबसे हँस-हँस कर।
दिल की करता है सोचता कम है।।

उसको दुश्वारियाँ[2] नहीं मिलतीं।
राज़ अपने जो खोलता कम है।।

तू भी माहिर[3] है बे-वफ़ाई में।
ज़िन्दगी तेरा आसरा कम है।।

उसका सब एहतेराम[4] करते हैं।
वो जो महफ़िल में बोलता कम है।।

मझको मालूम है गुनाहों की।
जो मिली है उसे सज़ा कम है।।

उसका चेहरा उसे देखाने को।
सामने है जो आइना कम है।।

जिसको जाना है पार दरिया के।
मुड़के 'साहिल' को देखता कम है।।

---

1. राब्ता=सम्पर्क, 2. दुश्वारियाँ=कठिनाइयाँ, 3. माहिर=पारंगत, 4. एहतेराम=सम्मान।

6

आने लगे हैं मेरी तरफ़ संग[1] यक-ब-यक[2]।
थोपी गयी है मुझ पे नयी जंग यक-ब-यक।।

यह क्या हुआ कि सच मेरे होंटों पे आ गया।
चेहरे का उनके उड़ने लगा रंग यक-ब-यक।।

मेरी ग़ज़ल पे उसने किया तंज़[3] इस तरह।
तब्दील मैंने कर दिया आहंग[4] यक-ब-यक।।

उतरा है माहताब[5] ज़मीं पर तो देखिए।
पड़ने लगे हैं फीके सभी रंग यक-ब-यक।।

सोचा कि भूल जाऊँ मगर फिर भी उसकी याद।
करने लगी है आ के मुझे तंग यक-ब-यक।।

अदना[6] समझ के जिससे नज़र फेरते हैं सब।
कर दे न वो सभी को कहीं दंग यक-ब-यक।।

अपने तख़य्युलात[7] पे 'साहिल' तू मश्क़[8] कर।
आ जायेगा तुझे भी नया ढंग यक-ब-यक।।

---

1. संग=पत्थर, 2. यक-ब-यक=अचानक, 3. तंज़=प्रहार, 4. आहंग=विधि/उद्देश्य, 5. माहताब=चन्द्रमा, 6. अदना=तुच्छ, 7. तख़य्युलात=कल्पनाएँ, 8. मश्क़=अभ्यास।

7

वो जो किरदार[1] से रौशन जहाँ कर जाते हैं।
बस वही लोग तो ज़ेह्नों[2] में उतर जाते हैं।।

क्या करें ख़ून का रिश्ता है हमारा उससे।
दिल नहीं करता है मिलने का मगर जाते हैं।।

उसकी पथराई हुई आँखों से ये लगता है।
तपते सहरा[3] में तो दरिया भी ठहर जाते हैं।।

हम अगर लौट के आये हैं तो हैरत कैसी।
शाम होने पे परिन्दे भी तो घर जाते हैं।।

उनके चेहरे पे जो रहता है तबस्सुम[4] हर दम।
हम फ़क़त[5] उनके इस अन्दाज़ पे मर जाते हैं।।

मेरे ज़ख़्मों की नहीं कोई दवा दुनिया में।
कोशिशें लाख करूँ फिर भी उभर जाते हैं।।

उसकी ज़िद भी कहीं अब जान न ले ले 'साहिल'।
बस यही सोच के अंजाम से डर जाते हैं।।

---

1. किरदार=चरित्र, 2. ज़ेह्न=मस्तिष्क, 3. सहरा=वीराना, 4. तबस्सुम=मुस्कान, 5. फ़क़त=मात्र।

8

जीते जी मेरा लहू सर्द[1] नहीं हो सकता।
मैं ज़माने की कभी गर्द[2] नहीं हो सकता।।

आपके सामने जो सच की हिमायत न करे।
वो कभी आपका हमदर्द नहीं हो सकता।।

ज़ुल्म को देख के दिल में न हो जिसके हलचल।
ऐसा इन्सान कभी मर्द नहीं हो सकता।।

वो पुकारेगा मुझे जब भी मैं लौट आऊँगा।
क्या करूँ इतना मैं बे-दर्द नहीं हो सकता।।

ख़ुद को रक्खा है सदा वहम-ओ-गुमाँ[3] से बाहर।
मेरा चेहरा तो कभी ज़र्द[4] नहीं हो सकता।।

चलिए माना कि अभी दौर है उसका लेकिन।
वक़्त उसका सदा हमदर्द नहीं हो सकता।।

मुझको ईमान की ताक़त है मयस्सर[4] 'साहिल'।
मेरे ज़ख़्मों में कभी दर्द नहीं हो सकता।।

---

1. सर्द=ठण्डा, 2. गर्द=धूल, 3. वहम-ओ-गुमाँ=धोका व घमण्ड, 4. ज़र्द=पीला, 5. मयस्सर=उपलब्ध।

9

नुक़सान ये हुआ है मेरी ज़िन्दगी में अब।
लज़्ज़त[1] नहीं बची है कोई दोस्ती में अब।।

दुनिया की दौलतों से तो घबरा गया है दिल।
मुझको सुकून मिलने लगा मुफ़लिसी[2] में अब।।

अच्छाइयों की जो था ज़माने में इक मिसाल।
दिखने लगे हैं ऐब उसी आदमी में अब।।

उसने सख़ावतों[3] का कुछ ऐसा सिला दिया।
लगता नहीं है जी मेरा दरियादिली में अब।।

जो लोग कल अदब से बहुत दूर दूर थे।
उस्ताद हो गये हैं वही शायरी में अब।।

जिसको ग़ुरूर था कि वो दुनिया से है अलग।
वो शख़्स जी रहा है यहाँ बे-बसी में अब।।

'साहिल' जो भर सका न तेरे प्यार से कभी।
वो ज़ख़्म क्या भरेगा भला ज़िन्दगी में अब।।

---

1. लज़्ज़त=स्वाद, 2. मुफ़लिसी=निर्धनता, 3. सख़ावत=दानशीलता।

10

नस्ल-ए-नौ[1] के लिए आदाब-ए-वफ़ा[2] कुछ भी नहीं।
उसकी नज़रों में बुज़ुर्गों की दुआ कुछ भी नहीं।।

चाहता हूँ मैं उसे दुनिया की दौलत दे दूँ।
और मेरे पास दुआओं के सिवा कुछ भी नहीं।।

बे-वफ़ाई[3] में कोई तेरा नहीं है सानी।
ज़िन्दगी क्या करें अब तुझसे गिला कुछ भी नहीं।।

जुर्म करने का सबब जान गयी है दुनिया।
क़त्ल जो उससे हुआ उसकी सज़ा कुछ भी नहीं।।

मौत बे-मानी है जब सर पे कफ़न बाँध लिया।
अब चराग़ों के मुक़ाबिल ये हवा कुछ भी नहीं।।

आओ तक़्सीम[4] करें गंग-ओ-जमन[5] की ख़ुशबू।
देखो दुनिया में मोहब्बत के सिवा कुछ भी नहीं।।

ज़ख़्म दुनिया ने बहुत गहरे दिये हैं मुझको।
जो भरेंगे भी कभी इसका पता कुछ भी नहीं।।

लाख शिकवे थे मेरे ज़ेहन में फिर भी 'साहिल'।
सामने बैठा रहा उससे कहा कुछ भी नहीं।।

---

1. नस्ल-ए-नौ=नयी पीढ़ी, 2. आदाब-ए-वफ़ा=कृतज्ञता के तरीक़े, 3. बे-वफ़ाई=धोकेबाज़ी, 4. तक़सीम=बाँटना, 5. गंग-ओ-जमन=गंगा और यमुना।

11

ऐसा नहीं सलाम किया और गुज़र गये।
जब भी मिले किसी से तो दिल में उतर गये।।

ज़ुल्म-ओ-सितम के आगे कभी जो झुके नहीं।
उनके नसीब उनके मुक़द्दर सँवर गये।।

किरदार[1] बेच देने का अंजाम यह हुआ।
दिल में उतरने वाले नज़र से उतर गये।।

बच्चों की भूक माँ की दवा और हाथ तंग।
यह मरहले[2] भी हमको गुनहगार कर गये।।

कुछ कैफ़ियत[3] अजीब रही अपनी दोस्तो।
की दोस्ती किसी से तो हद से गुज़र गये।।

कुछ ज़िन्दगी तो मुझसे मसाइल[4] ने छीन ली।
जो बच गयी थी हादसे बर्बाद कर गये।।

'साहिल' जब उनको कोई ठिकाना नहीं मिला।
ग़म उनके सारे मेरे ही दिल में ठहर गये।।

---

1. किरदार=चरित्र, 2. मरहले=पड़ाव, 3. कैफ़ियत=स्थिति, 4. मसाइल=समस्याएँ।

12

हुक्म पर उनके सर झुका लें क्या।
अपनी आवाज़ को दबा लें क्या।।

मुश्किलों से शिकस्त[1] खा लें क्या।
हौसलों से नज़र चुरा लें क्या।।

ख़्वाब में बस्तियों को लूटा गया।
दिल में इस ख़ौफ़ को बिठा लें क्या।।

हम तो पूरी तरह से बिखरे हैं।
हम सँभालें तो अब सँभालें क्या।।

वो अना[2] का शिकार हो ही गये।
हम भी अब फ़ासले बढ़ा लें क्या।।

जिसका हर काम ही सियासी[3] है।
हाथ उस शख़्स से मिला लें क्या।।

सब ग़ुलामों की तरह बैठे हैं।
सर सभी की तरह झुका लें क्या।।

अब तो 'साहिल' दिखाई देने लगा।
हम भी अब कश्तियाँ[4] जला लें क्या।।

---

1. शिकस्त=हार, 2. अना=अभिमान, 3. सियासी=राजनीतिक, 4. कश्ती=नाव।

13

राह-ए-हक़[1] में तुझे हस्ती को मिटाना होगा।
देखना फिर तेरी ठोकर में ज़माना होगा।।

रोने वाले तुझे हँसते हुए फूलों की तरह।
सारी दुनिया को हुनर अपना दिखाना होगा।।

बे-वफ़ा हो के भी तू इतनी मुक़द्दस[2] क्यों है।
ज़िन्दगी आज तुझे राज़ बताना होगा।।

वक़्त-ए-रुख़्सत यही कहती थीं बरसती आँखें।
पास मेरे तुझे फिर लौट के आना होगा।।

एक चिंगारी तअस्सुब[3] की नज़र आयी है।
देखना ये है कहाँ उसका निशाना होगा।।

अपने माज़ी[4] के हर इक ग़म को भुला दे वरना।
चोट फिर उभरेगी फिर दर्द पुराना होगा।।

ख़ामुशी तेरी मेरी जान लिये लेती है।
अपनी तस्वीर से बाहर तुझे आना होगा।।

ज़िन्दगी में तुझे चलना है सँभलकर 'साहिल'।
रास्ते में तेरे कमज़र्फ़[5] ज़माना होगा।।

---

1. राह-ए-हक़=सच्ची राह, 2. मुक़द्दस=पवित्र, 3. तअस्सुब=भेदभाव, 4. माज़ी=बीता हुआ कल, 5. कमज़र्फ़=अनुदार।

14

ये और बात है वो साथ मेरे आ न सके।
मगर ये बात भी सच है मुझे भुला न सके।।

ज़माने भर को मोहब्बत का दर्स[1] देकर भी।
हम अपने घर को बिखरने से क्यों बचा न सके।।

हमें कसक ही रही उसको देखने की मगर।
ये बात दिल की ज़बाँ तक कभी भी ला न सके।।

छलक के आ ही गये अश्क[2] आँख से बाहर।
ग़मों का बोझ बहुत देर तक उठा न सके।।

क़दम-क़दम पे सज़ा दी गयी मुझे लेकिन।
क़ुसूर क्या था मेरा वो मुझे बता न सके।।

जतन तो लाख किये मेरे दुश्मनों ने मगर।
मुझे तो क्या मेरे नक़्श-ए-क़दम[3] मिटा न सके।।

कमाल ऐसा दिखा कर चला गया 'साहिल'।
निगाह दूर तलक उससे हम हटा न सके।।

---

1. दर्स=प्रवचन, 2. अश्क=आँसू, 3. नक़्श-ए-क़दम=पाँव के निशान।

15

वो जो तुझको ज़बान देता है।
फ़िक्र की भी उड़ान देता है।।

कोई तो है जो हर मुसीबत में।
रह्मतें[1] सर पे तान देता है।।

दिल मचलता है मेरा सज्दे को।
जब मुअज़्ज़िन[2] अज़ान देता है।।

एक मोमिन[3] नमाज़ की सूरत।
अपने रब को लगान देता है।।

याद रखता है ये जहाँ उसको।
जो मोहब्बत में जान देता है।।

सोचता हूँ मेरे तख़य्युल[4] को।
कौन ऊँची उड़ान देता है।।

ज़िन्दगी के सफ़र में ऐ 'साहिल'।
मौत पर कौन ध्यान देता है।।

---

1. रह्मतें=कृपा, 2. मुअज़्ज़िन=अज़ान देने वाला, 3. मोमिन=मुस्लिम, 4. तख़य्युल=कल्पना।

16

टूट कर शाख़ से जुदा होगा।
ज़र्द[1] पत्ता कहाँ हरा होगा।।

वो नहीं उम्र भर मेरा होगा।
उसने ग़ुस्से में कह दिया होगा।।

जो हैं बीमार-ए-इश्क़[2] उनके लिये।
मुस्कुराना तेरा दवा होगा।।

मोम जैसा नज़र जो आता है।
वो कभी संग[3] भी रहा होगा।।

उसको तन्हाई में कभी सोचो।
उस पे क्या क्या गुज़र गया होगा।।

जिसने माँ-बाप को रुलाया है।
दर-ब-दर[4] वो भटक रहा होगा।।

छोड़कर जो चला गया मुझको।
कैसे कह दूँ कि बे-वफ़ा[5] होगा।।

आयेगा ख़ुद यक़ीं के 'साहिल' तक।
तुझको दिल से जो चाहता होगा।।

---

1. ज़र्द=पीला, 2. बीमार-ए-इश्क़=प्रेम रोगी, 3. संग=पत्थर, 4. दर-ब-दर=इधर-उधर, 5. बे-वफ़ा=धोका देने वाला।

17

मुस्तक़िल[1] जो सफ़र में रहता है।
वो कहाँ अपने घर में रहता है।।

वो यक़ीनन वली-सिफ़त[2] होगा।
ख़ैर से जो भी शर[3] में रहता है।।

ढूँढ़ता फिरता है कहाँ उसको।
वो तो क़ल्ब-ओ-जिगर[4] में रहता है।।

वो हिफ़ाज़त करेगा क्या मेरी।
ख़ुद जो शीशे के घर में रहता है।।

ये बताती है धड़कनों की सदा।
कोई दिल के खंडर में रहता है।।

हो गया ख़ुद से बे-ख़बर इतना।
आज कल वो ख़बर में रहता है।।

ख़ौफ़ की तरह मेरा मुस्तक़बिल[5]।
मेरे दिल में नज़र में रहता है।।

ग़ुरबतों में जवान बेटी का।
मसअला[6] चश्म-ए-तर[7] में रहता है।।

मौत से पहले आदमी 'साहिल'।
मौत की रह-गुज़र में रहता है।।

---

1. मुस्तक़िल=लगातार, 2. वली सिफ़त=सन्त प्रवृत्ति, 3. शर=झगड़ा, 4. क़ल्ब=दिल, 5. मुस्तक़बिल=भविष्य, 6. मसअला=समस्या, 7. चश्म-ए-तर=भीगी आँखें।

18

उसको जब मुझसे काम होता है।
वो बहुत ख़ुश-कलाम[1] होता है।।

चार दिन का क़याम[2] होता है।
और क्या एहतेमाम[3] होता है।।

सबके होंटों पे वारदात के बाद।
सिर्फ़ मेरा ही नाम होता है।।

अम्न की बस्तियों में आये दिन।
हर तरफ़ क़त्ल-ए-आम[4] होता है।।

झूठ होता है जिनकी बातों में।
उनका ही एहतेराम[4] होता है।।

उसको दुनिया नज़र नहीं आती।
नफ़्स[5] का जो ग़ुलाम होता है।।

दिल को देता है वो सुकूँ 'साहिल'।
मुझसे जब हम-कलाम[6] होता है।।

---

1. ख़ुश-कलाम=मृदुभाषी, 2. क़याम=ठहरना, 3. एहतेमाम=प्रबन्ध, 4. क़त्ल-ए-आम =नरसंहार, 5. एहतेराम=सम्मान, 6. नफ़्स=इन्द्रियाँ, 7. हम-कलाम=आपसी वार्ता।

19

तकब्बुर[1] का पर्दा हटा कर तो देखो।
कुदूरत[2] को दिल से मिटा कर तो देखो।।

जो दुनिया में तुम चाहते हो सँवरना।
हसद[3] अपने दिल से मिटा कर तो देखो।।

वो पत्थर तुम्हें देवता भी लगेगा।
कहीं अपने सर को झुका कर तो देखो।।

नहीं कोई बढ़कर है इन्सानियत से।
ये रिश्ता कभी तुम निभा कर तो देखो।।

जो कहता रहा है मेरी जाँ है हाज़िर।
उसे भी ज़रा आज़मा कर तो देखो।।

वो मुफ़लिस[4] है लेकिन वो ख़ुद्दार[5] भी है।
कभी उससे आँखें मिला कर तो देखो।।

---

1. तकब्बुर=घमण्ड, 2. कुदूरत=कपट, 3. हसद=जलन, 4. मुफ़लिस=ग़रीब,
5. ख़ुद्दार=स्वाभिमानी।

यक़ीनन मिलेगी तुम्हें अपनी मंज़िल।
कोई ख़्वाब दिल में सजा कर तो देखो।।

उतर जायेगी उसके चेहरे की रौनक़।
कभी हाल अपना सुना कर तो देखो।।

निकल आयेंगे लफ़्ज़ अश्आर[6] बन कर।
क़लम अपना 'साहिल' उठा कर तो देखो।।

---

6. अश्आर=शेर।

20

आग दरिया में लगे पानी को जलना चाहिए।
अब मेरी आँखों का हर मंज़र[1] बदलना चाहिए।।

आप इन्साँ हैं तो फिर ये दिल पिघलना चाहिए।
हर तअस्सुब[2] आपके दिल से निकलना चाहिए।।

मस्अले[3] तो ज़िन्दगी में रोज़ आते हैं मगर।
ज़िन्दगी के मस्अलों का हल निकलना चाहिए।।

जिनकी क़िस्मत में सिवाय ग़म के कुछ है ही नहीं।
या ख़ुदा उनका मुक़द्दर भी बदलना चाहिए।।

जो सियासी जंग में कर दें वतन को शर्मसार।
ऐसे मंसूबों[4] को पैरों से कुचलना चाहिए।।

देखकर अपने पड़ोसी को मुसीबत में कभी।
आँख के दरिया से क़तरों[5] को निकलना चाहिए।।

ज़िन्दगी के साथ चलने की तमन्ना है अगर।
तुमको 'साहिल' वक़्त के साँचे में ढलना चाहिए।।

---

1. मंज़र=दृश्य, 2. तअस्सुब=भेदभाव, 3. मस्अले=समस्याएँ, 4. मंसूबों=उद्देश्य, 5. क़तरों=बूँदों।

21

हुस्न तपती रेत की मानिन्द[1] था जलता रहा।
इश्क़ पागल था वो नंगे पाँव ही चलता रहा।।

लाख काँटों ने बदल डाले हमारे रास्ते।
फिर भी उसकी जुस्तजू[2] का हौसला पलता रहा।।

ज़िन्दगी उनके बिना कैसी रही मत पूछिए।
अक्स[3] उनका ख़्वाब बनकर उम्र भर छलता रहा।।

ख़्वाहिशों के रफ़्ता-रफ़्ता[4] क़द बड़े होते रहे।
रफ़्ता-रफ़्ता आफ़ताब-ए-ज़िन्दगी[5] ढलता रहा।।

वो कभी किरदार[6] की ख़ुशबू समझ सकता नहीं।
अपने कपड़ों पर हमेशा इत्र जो मिलता रहा।।

है अजब इन्साफ़ का आलम यहाँ पर देखिए।
जुर्म साबित हो गया पर फ़ैसला टलता रहा।।

मेरी आँखों में हुए रौशन जो अश्कों के चिराग़।
उनके होंटों पर तबस्सुम[7] का दिया जलता रहा।।

मैं हूँ 'साहिल' मुझमें हर इक मौज पाती है पनाह।
मेरा होना इसलिए तूफ़ान को खलता रहा।।

---

1. मानिन्द=तरह, 2. जुस्तजू=चाह, 3. अक्स=प्रतिबिम्ब, 4. रफ़्ता=रफ़्ता=धीरे-धीरे, 5. आफ़ताब -ए-ज़िन्दगी=जीवन का सूरज, 6. किरदार=चरित्र, 7. तबस्सुम=मुस्कान।

22

हम क़लन्दर[1] हैं हमें आता है फ़ाक़ा[2] करना।
हमने सीखा ही नहीं कोई तमाशा करना।।

राज़दाँ[3] बनके रहो कुछ तो सलीक़ा सीखो।
राज़ पर इतना भी मुश्किल नहीं पर्दा करना।।

यूँ भी देखा है कई बार तेरी महफ़िल में।
कितना आसाँ है किसी शख़्स को रुसवा[4] करना।।

याद है ख़ूब मुझे मेरे लिए रब के हुज़ूर।
माँ का रो-रो के दुआ करना वो सज्दा करना।।

आँसुओं को कभी गिरने न दिया पलकों से।
मुझको आया ही नहीं प्यार को रुसवा करना।।

इश्क़ ये कौन सी मंज़िल पे मुझे ले आया।
आइना सामने रखना तुझे सोचा करना।।

अपने अज्दाद[5] से 'साहिल' ये हुनर आया है।
राह-ए-हक़[6] में न कभी जान की परवा[7] करना।।

---

1. क़लन्दर=साधु, 2. फ़ाक़ा=भूखा रहना, 3. राज़दाँ=भेद जानने वाला, 4. रुसवा=तिरस्कृत, 5. अज्दाद=पूर्वज, 6. राह-ए-हक़=सच्ची राह, 7. परवा=परवाह।

23

तेरी सूरत मुझे बताती है।
याद मेरी तुझे भी आती है।।

उसके इक बार देखने की अदा।
दिल में सौ हसरतें[1] जगाती है।।

मेरे दिल में वो आये हैं ऐसे।
जैसे आँगन में धूप आती है।।

ख़्वाब में जब भी देखता हूँ उसे।
नींद आँखों से रूठ जाती है।।

अपनी मर्ज़ी से हम नहीं चलते।
कोई ताक़त हमें चलाती है।।

हम हैं तहज़ीब[2] के अलमबरदार[3]।
हमको उर्दू ज़बान आती है।।

मैं तो 'साहिल' हूँ मौज दरिया की।
मुझको ख़ुद ही गले लगाती है।।

---

1. हसरतें=इच्छाएँ, 2. तहज़ीब=संस्कृति, 3. अलमबरदार=ध्वजा वाहक।

24

हादसा तो बस इक बहाना था।
रूह[1] को जिस्म छोड़ जाना था।।

बे-असर सब दवाएँ होती रहीं।
ज़ख़्म कमबख़्त भी पुराना था।।

कैसे कहता मैं अलविदा उसको।
उसके दिल में मेरा ठिकाना था।।

क़तरा-क़तरा था ग़म समन्दर में।
सीपियों में उसे सजाना था।।

मुफ़लिसी[2] में अकेला छोड़ आये।
साथ जिसका तुम्हें निभाना था।।

राह पुरख़ार[3] थी मगर मुझको।
अपना दामन भी ख़ुद बचाना था।।

वो न समझा उसूल की ख़ुशबू।
उसका अन्दाज़ ताजिराना[4] था।।

हम मनाते रहे जिसे हरदम।
उसकी आदत में रूठ जाना था।।

क्यों न आता मैं वक़्त पर 'साहिल'।
मेरी क़िस्मत में आब-ओ-दाना[5] था।।

---

1. रूह=आत्मा, 2. मुफ़लिसी=निर्धनता, 3. पुरख़ार=काँटोंयुक्त, 4. ताजिराना=व्यापारिक,
5. आब-ओ-दाना=भोजन-पानी।

25

फिर दिया आस का जलाना है।
दिल की बस्ती को फिर बसाना है।।

वो हक़ीक़त[1] में आ नहीं पाते।
जिनका ख़्वाबों में आना जाना है।।

दिल में आता है ये ख़याल अक्सर।
मुझसे बेहतर तो ये ज़माना है।।

वो जो गुमराह[2] हो रहे हैं उन्हें।
रास्ता प्यार का दिखाना है।।

मेरे बारे में पूछते क्या हो।
'गालिब'-ओ-'मीर' का घराना है।।

पीछे मुड़कर वो देखता ही नहीं।
जिसको आगे क़दम बढ़ाना है।।

वक़्त कैसा भी क्यों न हो 'साहिल'।
वक़्त का साथ तो निभाना है।।

---

1. हक़ीक़त=वास्तव, 2. गुमराह=पथभ्रष्ट।

26

खिला खिला सा वो चेहरा गुलाब की सूरत।
नज़र तो आया मगर सिर्फ़ ख़्वाब की सूरत।।

सरापा[1] उसका है देखो निसाब[2] की सूरत।
मैं उसको पढ़ता रहा हूँ किताब की सूरत।।

छुपाए लाख मगर इश्क़ छुप नहीं सकता।
बता रही है ये ख़ुद ही जनाब की सूरत।।

तुम्हारी आँखों से पहले मेरी निगाहों ने।
कहीं भी देखी नहीं थी शराब की सूरत।।

ख़ुद इक सवाल नज़र आ रहा है आईना।
मैं उससे मिलने गया था जवाब की सूरत।।

जिन्हें ग़ुरूर था दौलत का आज उनके पास।
बचे हैं चीथड़े तन पर अज़ाब[3] की सूरत।।

वफ़ा परस्ती का इन्आम[4] मिल गया 'साहिल'।
भटक रहा हूँ मैं ख़ाना-ख़राब[5] की सूरत।।

---

1. सरापा=सर से पाँव तक, 2. निसाब=अध्याय, 3. अज़ाब=यातना, 4. इन्आम=पारितोषिक
5. ख़ाना=ख़राब=अभागा।

27

पलकों पे आँसुओं को चमकने तो दीजिए।
जंगल में जोगियों को भटकने तो दीजिए।।

दीदार की तलब है तो नज़रें जमाइए।
रुख़ से ज़रा नक़ाब सरकने तो दीजिए।।

आँखों तक आ ही जायेगी उल्फ़त[1] की रोशनी।
दिल में जो आग है वो दहकने तो दीजिए।।

फूलों का कारोबार तो कर लेंगे बाद में।
पहले ज़रा चमन को महकने तो दीजिए।।

कुछ देर खोल दीजिए आँखों के मयकदे[2]।
कुछ देर उनके जाम छलकने तो दीजिए।।

'साहिल' दिखाई देगा तो रूक जायेंगे ज़रूर।
पहले ज़रा क़दम को बहकने तो दीजिए।।

---

1. उल्फ़त=प्यार, 2. मयकदे=मदिरालय।

28

बाहर से देखिए तो सँवर सा गया हूँ मैं।
अन्दर से किर्चियों[1] में बिखर सा गया हूँ मैं।।

मैं भी क़ुसूरवार हूँ ये बात सोचकर।
नज़रों से अपनी ख़ुद ही उतर सा गया हूँ मैं।।

ग़ुरबत[2] में कुछ अज़ीज़ों[3] के बर्ताव देखकर।
ये लग रहा है मुझको कि मर सा गया हूँ मैं।।

उनकी इनायतों[4] के वो अन्दाज़ देखकर।
लगता है उनके दिल में उतर सा गया हूँ मैं।।

दुनिया तेरी निगाह में ग़रक़ाब[5] हूँ मगर।
मुझको ये लग रहा है उभर सा गया हूँ मैं।।

इक वक़्त मुझ पे गुज़रा है 'साहिल' कुछ इस तरह।
उसका ख़याल आते ही डर सा गया हूँ मैं।।

---

1. किर्चियों=टुकड़ों, 2. ग़ुरबत=निर्धनता, 3. अज़ीज़ों=रिश्तेदारों, 4. इनायत=कृपा, 5. ग़रक़ाब=डूबा हुआ।

29

काश ऐसा कमाल हो जाये।
वो मेरा हम-ख़याल[1] हो जाये।।

मुझ पे इतना करम भी ठीक नहीं।
मेरा मरना मुहाल[2] हो जाये।।

हट तो सकती है गर्द-ए-आईना[3]।
ख़त्म दिल का मलाल[4] हो जाये।।

इश्क़ की सल्तनत में आये तो।
हुस्न ख़ुद ला-ज़वाल[5] हो जाये।।

ज़िन्दगी क्या है क्यों है कैसी है।
हल कोई तो सवाल हो जाये।।

ख़ुद को ऐसा बना के रख 'साहिल'।
तेरी हस्ती मिसाल हो जाये।।

---

1. हम-ख़याल=समान विचारक, 2. मुहाल=मुश्किल, 3. गर्द-ए-आईना=शीशे की धूल, 4. मलाल=कष्ट, 5. ला-ज़वाल=अनष्टकारी।

30

तू अगर बा-उसूल[1] हो जाये।
रह्मतों[2] का नुज़ूल[3] हो जाये।।

प्यार इतना करो कि पत्थर भी।
ऐसे पिघले कि फूल हो जाये।।

उनसे मिलने में डर ये लगता है।
कोई हमसे न भूल हो जाये।।

आईना आईना ही रहता है।
चाहे जितनी भी धूल हो जाये।।

ग़म न हो ज़िन्दगी अगर तुझ में।
तेरा होना फ़ुज़ूल[4] हो जाये।।

दिल से तौबा[5] करे अगर 'साहिल'।
तेरी तौबा क़ुबूल हो जाये।।

---

1. बा-उसूल=सिद्धान्तवादी, 2. रहमत=कृपा, 3. नुज़ूल=अवतरित, 4. फ़ुज़ूल=बेकार, 5. तौबा=प्रायश्चित्त।

31

उनके आँसू भी क्यों बेकली[1] दे गये।
मुझको ऐसा लगा ज़िन्दगी दे गये।।

बज़्म में जब वो मुझसे मुख़ातिब हुए।
उनके अल्फ़ाज मुझको ख़ुशी दे गये।।

अब सदाक़त[2] का रखना है तुमको भरम।
ये सबक़ वो मुझे दायमी[3] दे गये।।

जब मैं अज्दाद[4] की राह पर चल दिया।
उनके नक़्श-ए-क़दम[5] रोशनी दे गये।।

ठोकरें खा के हम तो सँभलते रहे।
राह के संग[6] ख़ुद आगही[7] दे गये।।

मेरी शीरीं ज़बाँ[8] का हुआ ये असर।
राज़ वो अपने दिल के सभी दे गये।।

यूँ तो पहले से 'साहिल' कई ज़ख़्म थे।
वो नये ज़ख़्म कुछ और भी दे गये।।

---

1. बेकली=व्याकुलता, 2. सदाक़त=सहृदयता, 3. दायमी=स्थिर, 4. अज्दाद=पूर्वज, 5. नक़्श-ए-क़दम=पाँव के निशान, 6. संग=पत्थर, 7. आगही=ज्ञान, 8. शीरी ज़बाँ=मृदु भाषा।

32

उनके ख़याल जब मेरे मेहमान हो गये।
लम्हे मेरी हयात[1] के आसान हो गये।।

क़ुदरत से छेड़-छाड़ का अंजाम ये हुआ।
कल तक जो शहर थे वो बियाबान[2] हो गये।।

शहरों में जंगलों में कहाँ फ़र्क़ रह गया।
शहरों में रहने वाले भी हैवान[3] हो गये।।

अपने पड़ोसियों के ग़म-ओ-दर्द बाँट कर।
लगता है हम भी साहिब-ए-ईमान[4] हो गये।।

'साहिल' पे छोड़ आ गये रस्म-ओ-रिवाज[5] को।
हम उनकी इन अदाओं पे क़ुर्बान हो गये।।

---

1. हयात=जीवन, 2. बियाबान=वीराना, 3. हैवान=अमानुष, 4. साहिब-ए-ईमान=ईमान वाले, 5. रस्म-ओ-रिवाज=परम्पराएँ।

33

कौन रखता है यहाँ मुझको बता गुंजाइश।
दिल में रखता है सदा[1] ख़ौफ-ए-ख़ुदा[2] गुंजाइश।।

ये नसीहत तो बुज़ुर्गों से मिली है मुझको।
तल्ख़ रिश्तों में भी रखता हूँ सदा गुंजाइश।।

यूँ ही आया नहीं आँखों को मुरव्वत करना।
दिल में करती है मोहब्बत की सदा[3] गुंजाइश।।

जब यक़ीं है कि वो हर हाल में तेरा होगा।
तब कहाँ बाक़ी रही ग़म की भला गुंजाइश।।

बे-वफ़ाई की कोई हद भी हुआ करती है।
ख़ुद-ब्-ख़ुद रखती है इतनी तो वफ़ा गुंजाइश।।

दौर-ए-हाज़िर[4] का अजब हाल हुआ है यारो।
देखने को नहीं मिलती है ज़रा गुंजाइश।।

इससे बेहतर है कि अब अपनी अना[5] टकराये।
छोड़ दे शिकवे गिले थोड़ी दिखा गुंजाइश।।

ज़ख़्म औरों के नज़र आयेंगे तुझको 'साहिल'।
अपने किरदार[6] में थोड़ी सी बढ़ा गुंजाइश।।

---

1. सदा=हमेशा, 2. ख़ौफ़-ए-ख़ुदा=ईश्वर का डर, 3. सदा=आवाज़, 4. दौर-ए-हाज़िर=वर्तमान काल, 5. अना=स्वाभिमान, 6. किरदार=चरित्र।

34

है वही दिल का तक़ाज़ा[1] क्या कहें किससे कहें।
आरज़ूएँ[2] हैं ज़ियादा क्या कहें किससे कहें।।

हर तरफ़ दुनिया में ज़ालिम घूमते हैं आजकल।
अम्न का ओढ़े लिबादा[3] क्या कहें किससे कहें।।

साथ मरने की क़सम खायी थी उसने प्यार में।
आज वो भूला है वादा क्या कहें किससे कहें।।

ऐ मोहब्बत रास्ते में फूल हों या ख़ार[4] हों।
चल पड़े जब बे-इरादा क्या कहें किससे कहें।।

ज़िन्दगी तेरा तमाशा देखने की चाह में।
बन गये ख़ुद ही तमाशा क्या कहें किससे कहें।।

ज़िन्दगी ने, वक़्त ने, दुनिया ने और तक़दीर ने।
हमको किस-किस ने नवाज़ा क्या कहें किससे कहें।।

क्यों नहीं पढ़ता कोई 'साहिल' किताब-ए-ज़िन्दगी[5]।
हर वरक़[6] उसका है सादा क्या कहें किससे कहें।।

---

1. तक़ाज़ा=आवश्यकता, 2. आरज़ूएँ=इच्छाएँ, 3. लिबादा=अंगवस्त्र, 4. ख़ार=काँटे,
5. किताब-ए-ज़िन्दगी=जीवन की पुस्तक, 6. वरक़=पृष्ठ।

35

अगर वो शोख़ चमन से गुज़र गया होता।
भरी बहार का चेहरा उतर गया होता।।

अगर वो वक़्त के हमराह चल दिये होते।
नसीब उनका यक़ीनन सँवर गया होता।।

बचा लिया मुझे माँ की दुआओं ने वरना।
मेरा वजूद[1] तो कब का बिखर गया होता।।

मेरी तरह जो मसाइल[2] से तुम भी टकराते।
तो ये ग़ुरूर, ये नश्शा उतर गया होता।।

तुम्हारे हुस्न का सदक़ा[3] उसे जो मिल जाता।
फ़क़ीर-ए-इश्क़[4] का कश्कोल[5] भर गया होता।।

मैं डूब जाता जो 'साहिल' पे भी तो ये इल्जाम।
मुझे यक़ीं है समुन्दर के सर गया होता।।

---

1. वजूद=अस्तित्व, 2. मसाइल=समस्याएँ, 3. सदक़ा=दान, 4. फ़क़ीर-ए-इश्क़=प्रेम रोगी, 5. कश्कोल=दानपात्र।

36

काश जुड़ जायें सब क़रार[1] के तार।
टूट जायें ये इन्तेशार[2] के तार।।

आओ सी लें ख़िज़ाँ[3] के दामन को।
ख़ुशबुएँ लायी हैं बहार के तार।।

उनको देखा तो होश ही ना रहा।
यूँ मिले निस्बत-ओ-क़रार[4] के तार।।

कोई हल्की सी एक आहट भी।
तोड़ देती है इन्तेज़ार के तार।।

ये तमन्ना है मेरी आँखों से।
काश मिलते निगाह-ए-यार[5] के तार।।

कहिए मेराज-ए-ज़िन्दगी[6] उसको।
यार से जब मिले हैं यार के तार।।

---

1. क़रार=चैन, 2. इन्तेशार=कटुता, 3. ख़िज़ाँ=पतझड़ 4. निस्बत-ओ-क़रार=आपसी चैन, 5. निगाह-ए-यार=प्रेम की दृष्टि, 6. मेराज-ए-ज़िन्दगी=ईश्वरीय जीवन।

जुर्म होती है मयकशी[7] यारो।
जब सँभलते नहीं ख़ुमार[8] के तार।।

रह गया है यक़ीं गुमाँ[9] बनकर।
जब भी टूटे हैं ऐतबार[10] के तार।।

उसने 'साहिल' निगाह क्या डाली।
बज उठे जिस्म के सितार के तार।।

---

7. मयकशी=मदिरापान, 8. ख़ुमार=मदहोश, 9. गुमाँ=कल्पना, 10. ऐतबार=भरोसा।

37

बुज़दिली[1] तो वो कर नहीं सकता।
जो है सच्चा वो डर नहीं सकता।।

जिस्म दुनिया भले ही दफ़्ना दे।
प्यार ज़िन्दा है मर नहीं सकता।।

भूक में सिर्फ़ चाहिए रोटी।
पेट बातों से भर नहीं सकता।।

झूठ चाहे बुलन्द हो कितना।
सच के आगे ठहर नहीं सकता।।

आप देखें तो उसका हुस्न बढ़े।
आइना ख़ुद सँवर नहीं सकता।।

जो भी 'साहिल' का है तमाशाई[2]।
पार दरिया वो कर नहीं सकता।।

---

1. बुज़दिली=कायरता, 2. तमाशाई=दर्शक।

38

यह अलग बात कि हाथों को जला लेते हैं।
हम मगर अपने चराग़ों को बचा लेते हैं।।

वो मेरे प्यार की वुस्अत[1] को भला क्या समझें।
दिल के आँगन में जो दीवार उठा लेते हैं।।

यूँ तो हमराज़[2] बने रहते हैं मेरे लेकिन।
राज़ वो अपने सभी मुझसे छुपा लेते हैं।।

ज़ब्त[3] करने का सलीक़ा[4] कोई हमसे सीखे।
दिल के अंगारों को पलकों में छुपा लेते हैं।।

दूर रहती हैं सदा उनसे बलाएँ 'साहिल'।
अपने माँ-बाप की जो रोज़ दुआ लेते हैं।।

---

1. वुस्अत=विस्तार, 2. हमराज़=भेदिये, 3. ज़ब्त=सहन, 4. सलीक़ा=शिष्टता।

39

सर पे अज़मत[1] की कोई दस्तार[2] होना चाहिए।
कुछ न हों लेकिन हमें ख़ुद्दार होना चाहिए।।

फिर यज़ीदी हाथ उठे हैं शहर-ए-ईमाँ[3] की तरफ़।
ज़ुल्म की बैअत[4] से फिर इनकार होना चाहिए।।

आसमाँ चादर है जिनकी और बिस्तर है ज़मीं।
उन ग़रीबों का कोई घर-बार होना चाहिए।।

आप तो शहर-ए-सियासत[5] में अभी आये नहीं।
आपको तो साहिब-ए-किरदार[6] होना चाहिए।।

मौज-ए-दरिया[6] ख़ुद तुझे साहिल पे ले के आयेगी।
हौसलों की ज़ेह्न में पतवार होना चाहिए।।

---

1. अज़मत=महानता, 2. दस्तार=पगड़ी, 3. शहर-ए-ईमाँ=ईमान के नगर, 4. बैअत=समर्पण, 5. शहर-ए-सियासत=राजनीति के नगर, 6. साहिब-ए-किरदार=चरित्रवान, 7. मौज-ए-दरिया =समन्दर की लहरें।

40

मेरा ख़ुदा है मान भी जायेगा यक-ब-यक[1]।
सीधी मुझे वो राह दिखायेगा यक-ब-यक।।

पैकर[2] सभी हैं ख़ाक के जाना सभी को है।
किसको ख़बर है कैसे वो जायेगा यक-ब-यक ।।

हसरत से जिसको ढूँढ़ रहा था मैं चार-सू[3]।
क्या थी ख़बर वो ख़्वाब में आयेगा यक-ब-यक।।

इतना बदल वो जायेगा मुझको न था पता।
अनजान बनके सामने आयेगा यक-ब-यक।।

अब तक समझ रहा था जो ख़ुद को ही आफ़ताब[4]।
उसका ग़ुरूर टूट भी जायेगा यक-ब-यक।।

तेरी सितमगरी[5] का भी होगा हर इक हिसाब।
इसकी सज़ा ज़रूर तू पायेगा यक-ब-यक।।

उसकी गली में जाऊँ मैं 'साहिल' तो डर है ये।
उसका ख़याल मुझको सतायेगा यक-ब-यक।।

---

1. यक-ब-यक=अचानक, 2. पैकर=आकृति, 3. चार-सू=चहुँओर, 4. आफ़ताब=सूरज,
5. सितमगरी=अत्याचार।

41

मज़ाक़-ए-ग़म[1] उड़ाना अब मुझे अच्छा नहीं लगता।
किसी का मुस्कुराना अब मुझे अच्छा नहीं लगता।।

कभी नींदें चुराना जिनकी मुझको अच्छा लगता था।
नज़र उनका चुराना अब मुझे अच्छा नहीं लगता।।

जिन्हें मुझ पर यक़ीं है मेरी चाहत पर भरोसा है।
भरम उनका मिटाना अब मुझे अच्छा नहीं लगता।।

नशेमन[2] मेरे दिल का जबसे तिनका-तिनका बिखरा है।
कोई भी आशियाना अब मुझे अच्छा नहीं लगता।।

मोहब्बत करने वालों ने जो छोड़े हैं ज़माने में।
निशां उनके मिटाना अब मुझे अच्छा नहीं लगता।।

तेरी दुनिया से शायद भर चुका है मेरा दिल 'साहिल'।
यहाँ का आब-ओ-दाना[3] अब मुझे अच्छा नहीं लगता।।

1. मज़ाक़-ए-ग़म=दुखों की हँसी उड़ाना, 2. नशेमन=घोंसला, 3. आब-ओ-दाना=दाना-पानी।

42

दिल तुझे रोक रहा है कि ज़माना कह दे।
या बुरा लगता है तुझको मेरा आना कह दे।।

लब पे शिकवा[1] भी न हो आँख में आँसू भी न हों।
ग़म की शिद्दत[2] ही मेरे ग़म का फ़साना[3] कह दे।।

जान मैं उसके इशारे पे तो दे दूँ लेकिन।
कहीं ऐसा न हो वो उसको बहाना कह दे।।

मैं समझ लूँगा मेरा इश्क़ मुकम्मल[4] है अगर।
ये ज़माना भी मुझे तेरा दिवाना कह दे।।

क्यों भटकता है इधर और उधर ऐ 'साहिल'।
हो गया मेरा तेरे दिल में ठिकाना कह दे।।

---

1. शिकवा=परिवाद, 2. शिद्दत=तीव्रता, 3. फ़साना=कहानी, 4. मुकम्मल=सम्पूर्ण।

43

दिल में ये कैसा शोर मचा कर चला गया।
हौले से कौन सामने आकर चला गया।।

अपने ही छोड़ देते हैं गर्दिश में एक दिन।
मुझ पर पड़ा जो वक़्त सिखा कर चला गया।।

जिसकी सख़ावतों[1] पे बहुत नाज़ था मुझे।
वो शख़्स आज सबको रुला कर चला गया।।

रौशन कई चिराग़ यहाँ जिसके दम से थे।
वो आदमी भी ठोकरें खाकर चला गया।।

ख़स्लत[2] तो देखिए कि वो अपने गुनाह का।
इल्ज़ाम मुझपे फिर से लगा कर चला गया।।

'साहिल' ये बद-नसीबी[3] का आलम तो देखिए।
इक सच था और ख़्वाब में आकर चला गया।।

---

1. सख़ावत=दानशीलता, 2. ख़स्लत=स्वभाव, 3. बद-नसीबी=दुर्भाग्य।

44

तुम जीवन से प्यार करोगे कब तक आख़िर, आख़िर कब तक।
साँसों का एहसान सहोगे कब तक आख़िर, आख़िर कब तक।

कोई समन्दर, कोई दरिया, कोई कुआँ ढूँढ़ो तुम भी।
अश्कों[1] का सैलाब[2] पियोगे कब तक आख़िर, आख़िर कब तक।

चोट लगेगी सर फूटेगा और न होगा कुछ हासिल।
पत्थर से तुम प्यार करोगे कब तक आख़िर, आख़िर कब तक।

अश्क मिले हैं, दर्द मिला है, ज़ख़्म मिले हैं उल्फ़त[3] में।
उसको तुम सौग़ात[4] कहोगे कब तक आख़िर, आख़िर कब तक।

जाता है हर कोई निकल कर इस दुनिया की बाँहों से।
तुम इसके बीमार रहोगे कब तक आख़िर, आख़िर कब तक।

उनको पाने की चाहत में तुम भी परेशाँ हो 'साहिल'।
तुम इससे इनकार करोगे कब तक आख़िर, आख़िर कब तक।

---

1. अश्क=आँसू, 2. सैलाब=बाढ़, 3. उल्फ़त=प्यार, 4. सौग़ात=उपहार।

45

अजीब लोग हैं उनको ख़याल कुछ भी नहीं।
नज़र में उनकी हराम-ओ-हलाल[1] कुछ भी नहीं।।

अभी भी वक़्त है कर ले तू नेकियाँ वरना।
ब-रोज़-ए-हश्र[2] ये दुनिया का माल कुछ भी नहीं।।

ये राह वो है जहाँ बे-ख़ुदी[3] ज़रूरी है।
कि राह-ए-इश्क़[4] में रंज-ओ-मलाल[5] कुछ भी नहीं।।

वो अब ज़मीर[6] का सौदा भी करने वाला है।
सवाल है ये बड़ा और सवाल कुछ भी नहीं।।

जो चल के आज तू पहुँचा है इस बुलन्दी पर।
कमाल उसका है तेरा कमाल कुछ भी नहीं।।

अमीर हो के फ़क़ीरों के जैसा रहता है।
नज़र में उसकी उरूज-ओ-ज़वाल[7] कुछ भी नहीं।।

बिठा ले ज़ेह्न[8] में 'साहिल' तुझे ख़याल रहे।
कि फ़ानी[9] दुनिया में ये माह-ओ-साल[10] कुछ भी नहीं।।

---

1. हराम-ओ-हलाल=उचित-अनुचित, 2. रोज़-ए-हश्र=क़यामत का दिन, 3. बे-ख़ुदी=मदहोशी, 4. राह-ए-इश्क़=प्रेम की डगर, 5. रंज-ओ-मलाल=दुख-दर्द, 6. ज़मीर=आत्मा, 7. उरूज-ओ-ज़वाल=उदय व अस्त/समाप्ति, 8. ज़ेह्न=मस्तिष्क, 9. फ़ानी=नश्वर, 10. माह-ओ-साल=माह और वर्ष।

46

कोई ख़ंजर हूँ न तलवार हूँ मैं।
इक चमकता हुआ किरदार हूँ मैं।।

आदमीयत[1] का तलबगार हूँ मैं।
लोग कहते हैं कि बीमार हूँ मैं।।

तेरी महफ़िल में जो सच बोल दिया।
सबकी नज़रों में गुनहगार हूँ मैं।।

बिकने आया था मैं बाज़ार में आज।
लोग समझे कि ख़रीदार हूँ मैं।।

वक़्त आने पे लुटा दूँगा जान।
मुल्क का अपने जाँनिसार[2] हूँ मैं।।

बस यही तो थी हिमाक़त[3] मेरी।
मैं ये समझा था कि हुश्यार हूँ मैं।।

हर कसौटी पे मैं 'साहिल' निकला।
लोग कहते थे कि मंझधार हूँ मैं।।

---

1. आदमीयत=मानवता, 2. जाँनिसार=जान लुटाना, 3. हिमाक़त=मूर्खता।

47

जो दुश्मन हैं मोहब्बत के ख़ता[1] की बात करते हैं।
हम अहल-ए-इश्क़[2] हैं हम तो वफ़ा की बात करते हैं।।

कभी अम्न-ओ-अमाँ[3] का ज़िक्र जब आता है महफ़िल में।
हम अपने शहर की आब-ओ-हवा[4] की बात करते हैं।।

ख़ुदा महफ़ूज़ रखे दौर-ए-हाज़िर[5] के तबीबों[6] से।
पिलाते ज़ह्‌र हैं लेकिन दवा की बात करते हैं।।

करम जब तेरा होता है बदल जाती हैं तक़दीरें।
तेरे बन्दे हैं हम तेरी रज़ा[7] की बात करते हैं।।

हमेशा से रही फ़ितरत ही जिनकी बे-वफ़ाई[8] की।
मैं अब हैरान हूँ वो भी वफ़ा की बात करते हैं।।

अभी तहज़ीब ज़िन्दा है अभी कुछ लोग हैं बाक़ी।
जो अपनी गुफ़्तगू में भी हया[9] की बात करते हैं।।

हमें मेहनत पे अपनी ख़ुद भरोसा है बहुत 'साहिल'।
मगर फिर भी बुज़ुर्गों से दुआ की बात करते हैं।।

---

1. ख़ता=अपराध, 2. अहल-ए-इश्क़=प्रेम करने वाले, 3. अम्न-ओ-अमाँ=चैन और शान्ति, 4. आब-ओ-हवा=वातावरण, 5. दौर-ए-हाज़िर=वर्तमान युग, 6. तबीब=चिकित्सक, 7. रज़ा=सहमति, 8. बे-वफ़ाई=धोकेबाज़ी, 9. हया=शर्म।

48

वो मुझसे दूर भी है मेरे आस-पास भी।
ख़ुशियों के ख़्वाब में है मेरा दिल उदास भी।।

इक बार हम जो आपकी महफिल से उठ गये।
फिर ये हुआ किसी ने बिठाया न पास भी।।

छोड़ा नहीं है हमने अभी दामन-ए-उम्मीद[1]।
दिल में हैं धड़कनें तो है मिलने की आस भी।।

या रब इस इम्तिहान से मुझको निकाल ले।
दरिया भी सामने हैं मेरे लब[2] पे प्यास भी।।

'साहिल' तू इस लिबास के पैवन्द[3] पे न जा।
रहते हैं कितने लोग यहाँ बे-लिबास[4] भी।।

---

1. दामन-ए-उम्मीद=आशा की किरन, 2. लब=होंट, 3. पैवन्द=कपड़ों में जोड़,
4. बे-लिबास=वस्त्रहीन।

49

बशर[1] है तू बशर से कर ज़रा दिल से मोहब्बत भी।
यही है ज़िन्दगी का दर्स[2] और है ये हक़ीक़त भी।।

तू नाहक़ ही परेशाँ है ज़रा ईमान ताज़ा कर।
करम हो जाये जो उसका तो टल जाये मुसीबत भी।।

अगर जन्नत की हसूरत है तो फिर ये ज़ेहन में रख ले।
बुज़ुर्गों के वसीले[3] से मिलेगी तुझ को जन्नत भी।।

तू नादाँ है नहीं है इल्म तुझको उनकी अज़मत[4] का।
ख़ुदा वाले दिखा देते हैं दुनिया में करामत[5] भी।।

कभी जब ग़ौर से देखोगे ख़ुद ही जान जाओगे।
रज़ा वालों में मिलती है शरीअत[6] भी तरीक़त[7] भी।

अगर दुनिया में ख़्वाहिश है सँवरने की तुझे '**साहिल**'।
ख़ुदा से डर तू दिल में रख, बुज़ुर्गों से अक़ीदत[8] भी।।

---

1. बशर=मानव, 2. दर्स=उपदेश, 3. वसीला=माध्यम, 4. अज़मत=श्रेष्ठता, 5. करामत=चमत्कार, 6. शरीअत=धर्मानुकूल, 7. तरीक़त=विधि, 8. अक़ीदत=आस्था।

50

आँखों में आँसुओं को छुपाओ न इस तरह।
हँस हँस के अपना हाल सुनाओ न इस तरह।।

हम तो तुम्हारे इश्क़ में बर्बाद हो गये।
बर्बादियों का जश्न मनाओ न इस तरह।।

सैलाब-ए-ग़म[1] में बह गयीं ख़्वाबों की बस्तियाँ।
दिल में घरौंदे[2] और बनाओ न इस तरह।।

आँखों में हूँ तुम्हारी पर आँसू नहीं हूँ मैं।
नज़रों से मुझको अपनी गिराओ न इस तरह।।

बे-हिस[3] हैं लोग उनको न होगा कोई मलाल[4]।
'साहिल' तुम अपने ज़ख़्म दिखाओ न इस तरह।।

---

1. सैलाब-ए-ग़म=दुखों की बाढ़, 2. घरौंदे=आवास, 3. बे-हिस=चेतना शून्य, 4. मलाल=दुख।

51

दुनिया का यार कोई ख़ज़ाना न चाहिए।
तुम मिल गये तो हमको ज़माना न चाहिए।।

पहचान अपनी ऐसी बनाना न चाहिए।
झूटी मोहब्बतों को निभाना न चाहिए।।

ग़ुरबत[1] मुझे क़ुबूल है ज़िल्लत[2] न दे ख़ुदा।
जो रिज़्क[3] है हराम वो खाना न चाहिए।।

जिससे हमारे शहर में शोले भड़क उठें।
अफ़वाह कोई ऐसी उड़ाना न चाहिए।।

सच है हर एक शख़्स को जाना है एक दिन।
लेकिन ये ख़ौफ़ दिल में बिठाना न चाहिए।।

हर बात भूल जाओ मगर ये रहे ख़याल।
एहसान ज़िन्दगी में भुलाना न चाहिए।।

'साहिल' अगर यक़ीन के क़ाबिल[4] नहीं है दोस्त।
उसको कोई भी राज़ बताना न चाहिए।।

---

1. ग़ुरबत=निर्धनता, 2. ज़िल्लत=अपमान, 3. रिज़्क=भोजन, 4. क़ाबिल=योग्य।

52

क्या कहा आपकी आवाज़ से घबराते हैं।
हम तो हर दर्द भरे साज़[1] से घबराते हैं।।

आप आयें तो क़यामत का गुमाँ होता है।
आपके हम इसी अन्दाज़ से घबराते हैं।।

दौर-ए-हाज़िर[2] में सभी शाहजहाँ हैं लेकिन।
आज-कल की किसी मुमताज़ से घबराते हैं।।

हाल-ए-दिल[3] जब भी बयाँ करते हैं उनसे अपना।
अपने ही मअनी-ओ-अल्फ़ाज़[4] से घबराते हैं।।

दिल में हर राज़ भी रक्खा नहीं जाता लेकिन।
आप जैसे किसी हम-राज़[5] से घबराते हैं।।

जिसमें शामिल हो तकब्बुर[6] वो उड़ानें बेकार।
हम तो ऐसी किसी परवाज़[7] से घबराते हैं।।

देख के आज के हालात को अक्सर 'साहिल'।
मिलने वाले हर इक ऐज़ाज़[8] से घबराते हैं।।

---

1. साज़=वाद्ययन्त्र, 2. दौर-ए-हाज़िर=वर्तमान युग, 3. हाल-ए-दिल=मन की बात, 4. मअनी-ओ-अल्फ़ाज़=शब्द व उनके अर्थ, 5. हम-राज़=रहस्य जानने वाला, 6. तकब्बुर=घमण्ड, 7. परवाज़=उड़ान, 8. ऐज़ाज़=पुरस्कार।

53

ऐ ख़ुदा मुझ पे भी कुछ ऐसी इनायत[1] हो जाये।
राह-ए-ईमान[2] पे चलना मेरी आदत हो जाये।।

परचम-ए-हक़[3] जो उठाये हैं जहाँ मैं उनसे।
ग़ैर मुमकिन है अमानत में ख़यानत[4] हो जाये।।

पास कुछ भी न रहे फिर भी जहाँ रश्क[5] करे।
मेरा किरदार[6] मोहब्बत की अलामत[7] हो जाये।।

उँगलियाँ मुझ पे ज़माने की बहुत उठती हैं।
तू जो चाहे मेरी रुसवाई[8] भी शोहरत हो जाये।।

किस क़दर ज़ुल्म-ओ-तशद्दुद[9] में घिरी है दुनिया।
इससे बेहतर मेरे अल्लाह क़यामत हो जाये।।

आओ महफ़ूज़ दिलों में इसे कर लें 'साहिल'।
इससे पहले कि मोहब्बत भी तिजारत[10] हो जाये।।

---

1. इनायत=कृपा, 2. राह-ए-ईमान=सच्ची राह, 3. परचम-ए-हक़=सच्चाई का ध्वज, 4. ख़यानत=बेईमानी, 5. रश्क=ईर्ष्या, 6. किरदार=चरित्र, 7. अलामत=पहचान, 8. रुसवाई=बदनामी, 9. तशद्दुद=अत्याचार, 10. तिजारत=व्यापार।

54

अपने दिल का हाल सुनाऊँ डरता हूँ।
मैं न कहीं शायर हो जाऊँ डरता हूँ।।

तेरी दीद[1] की हसरत[2] लेकर भटकूँ मैं।
मैं भी दीवाना कहलाऊँ डरता हूँ।।

आँखें हैं मसरूफ़[3] तुम्हारे ख़्वाबों में।
सोते-सोते जाग न जाऊँ डरता हूँ।।

उनके जलवों से महफ़िल में रौनक़ है।
मैं संजीदा गीत सुनाऊँ डरता हूँ।।

मुश्किल है गुमनामी में आँसू पीना।
सब को अपने ज़ख़्म दिखाऊँ डरता हूँ।।

कैसे करूँ इज़हार-ए-मोहब्बत[4] ऐ 'साहिल'।
दिल की बात ज़बाँ पर लाऊँ डरता हूँ।।

---

1. दीद=दर्शन, 2. हसरत=इच्छा, 3. मसरूफ़=व्यस्त, 4. इज़हार-ए-मुहब्बत=प्रेम जताना।

55

इश्क़ में हद से गुज़र जायें क्या।
मौत से पहले ही मर जायें क्या।।

ज़ेह्न[1] और दिल को क़रार[2] आया है।
टूट कर फिर से बिखर जायें क्या।।

लौट आये हैं परिन्दे भी अब।
हम भी अब लौट के घर जायें क्या।।

मार डालेगा हमें वो शायद।
बस यही सोच के डर जायें क्या।।

उनके आने के हैं आसार[3] बहुत।
क्या करें हम भी सँवर जायें क्या।।

अब तो 'साहिल' के बहुत पास हैं हम।
यार दरिया में उतर जायें क्या।।

---

1. ज़ेह्न और दिल=मन-मस्तिष्क, 2. क़रार=चैन, 3. आसार=सम्भावना।

56

जब वो तैयार नहीं साथ निभाने के लिए।
ख़्वाब में आते हैं क्यों दिल को दुखाने के लिए।।

अब भी राज़ी है कोई लौट के आने के लिए।
कौन जायेगा मगर उसको मनाने के लिए।।

आँसुओं ने मेरे हर ग़म को किया बे-पर्दा[1]।
मेरी आँखों में नहीं कुछ भी छुपाने के लिए।।

कोई क़िस्सा भी नहीं, कोई कहानी भी नहीं।
अब मेरे पास नहीं कुछ भी सुनाने के लिए।।

नींद आँखों से मेरी उसने उड़ा दी 'साहिल'।
मौत ही आयेगी अब मुझको सुलाने के लिए।।

1. बे-पर्दा=स्पष्ट/ज़ाहिर।

57

ज़मीं हस्रत[1] की जलती जा रही है।
वो नंगे पाँव चलती जा रही है।।

न जाने क्या हुई थी भूल उससे।
वो अपने हाथ मलती जा रही है।।

कहीं बच्चे न फिर सो जायें भुके।
ये उलझन दिल में पलती जा रही है।।

वो उकताया हुआ है ज़िन्दगी से।
और उसकी मौत टलती जा रही है।।

दिये की लौ के तेवर देखने को।
हवा भी रुख़[2] बदलती जा रही है।।

न जाने किन दुआओं का असर है।
दीये की साँस चलती जा रही है।।

---

1. हस्रत=इच्छा, 2. रुख़=दिशा।

58

हुक़ूक़[1] के लिए आवाज़ अब उठानी है।
समझते वो हैं कि मेरा लहू तो पानी है।।

जो ज़ख़्म दे के मेरा हाल-चाल पूछते हैं।
उन्हीं को दर्द भरी दास्ताँ सुनानी है।।

कराऊँ कैसे उन्हें अपने दर्द का एहसास।
यही तो उनकी मेरे पास इक निशानी है।।

लगाये फिरता हूँ तस्वीर जिनकी सीने से।
अब उनका हुक्म है तस्वीर भी हटानी है।।

हों लाख शिकवे[2] मगर मुस्कुरा के मिलते रहो।
ये रस्म भी हमें हर हाल में निभानी है।।

घरों में होता रहे ज़िक्र भी बुज़ुर्गों का।
ये रस्म-ओ-राह[3] भी 'साहिल' तुम्हें बचानी है।।

---

1. हुक़ूक़=अधिकार, 2. शिकवे=परिवाद, 3. रस्म-ओ-राह=मेल-मिलाप/परिपाटी।

59

सब ज़ख़्म तो हरे हैं भला क्या करेंगे हम।
मरहम का ज़िन्दगी से गिला[1] क्या करेंगे हम।।

खाकर क़सम गये हैं वो फिर लौट आयेंगे।
जब कर लिया यक़ीं तो दुआ क्या करेंगे हम।।

ख़ुद के मुआमलात[2] ने तनहा जो कर दिया।
आया है ज़िन्दगी में ख़ला[3] क्या करेंगे हम।।

आने की उनके जब कोई उम्मीद ही नहीं।
आँखों के ये चराग़ बता क्या करेंगे हम।।

तूफ़ान से तो अपना सफ़ीना[4] निकाल लाये।
'साहिल' अगर जो तूने छला क्या करेंगे हम।।

---

1. गिला=परिवाद, 2. मुआमलात=प्रकरणों, 3. ख़ला=रिक्ति/शून्य, 4. सफ़ीना=नाव।

60

जतन[1] करता तो हूँ लेकिन ये बीमारी नहीं जाती।
जो मेरे ख़ून में शामिल है ख़ुद्दारी[2] नहीं जाती।।

ये उसका काम है फ़िरक़ा-परस्ती[3] छोड़ दे कैसे।
सियासत कुछ भी कर ले उसकी मक्कारी नहीं जाती।।

वो बूढ़ा शख़्स अपनी जान तक नीलाम कर बैठा।
मगर अफ़सोस उसके घर की दुश्वारी[4] नहीं जाती।।

सुलाया है फ़क़त पानी पिला कर उसने बच्चों को।
हैं आँसू ख़ुश्क[5] लेकिन उसकी सिसकारी नहीं जाती।।

मेरी ग़मख़्वार[6] यह दुनिया न हो तो ग़म नहीं 'साहिल'।
मेरी फ़ितरत[7] में शामिल है जो ग़मख़्वारी नहीं जाती।।

1. जतन=प्रयास, 2. खुद्दारी=स्वाभिमान, 3. फ़िरक़ा-परस्ती=साम्प्रदायिकता, 4. दुश्वारी=कठिनाई, 5. ख़ुश्क=सूखे, 6. ग़मख़्वार=दुख-दर्द बाँटने वाला, 7. फ़ितरत=स्वभाव।

61

ज़माने में हैं कितने ग़म ज़रा तुम सोच कर देखो।
है हर-सू[1] ख़ौफ़ का आलम ज़रा तुम सोच कर देखो।।

मदद की आस में जो गिन रहे हैं आख़िरी साँसें।
निकल जाये न उनका दम ज़रा तुम सोच कर देखो।।

गुज़िश्ता[2] वक़्त ने छोड़े हैं जो भी ज़ख़्म अब उन पर।
लगा पाओगे क्या मरहम ज़रा तुम सोच कर देखो।।

चलो छोड़ो गिले शिकवे नयी दुनिया बसाएँ हम।
चलोगे साथ में हमदम[3] ज़रा तुम सोच कर देखो।।

बड़ी हस्रत थी अपने ख़्वाब की ताबीर[4] भी होगी।
ख़ुशी अब भी है ये क़ायम ज़रा तुम सोच कर देखो।।

हक़-ओ-इंसाफ़ का रक्खा नहीं तुमने भरम कुछ भी।
हुआ है क्या ख़ुदा बरहम[5] ज़रा तुम सोच कर देखो।।

ढलेगा वक़्त का सूरज तुम्हारा बिल-यक़ीं[6] 'साहिल'।
कभी तो आँख होगी नम ज़रा तुम सोच कर देखो।।

---

1. हर-सू=चहुँओर, 2. गुज़िश्ता=बीता हुआ समय, 3. हमदम=घनिष्ठ मित्र, 4. ताबीर=आभास, 5. बरहम=कुपित, 6. बिल-यक़ीं=विश्वासपूर्वक।

62

होश मेरे किसी दिन उड़ा दीजिए।
प्यार कहते हैं किसको बता दीजिए।।

नाव साहिल की जानिब[1] जो लेकर चलें।
ऐसी लहरों का मुझको पता दीजिए।।

मैंने सौग़ात[2] माँगी है ये आपसे।
मेरी ख़ातिर ज़रा मुस्कुरा दीजिए।।

लीजिए अपना मुँह फेर लेते हैं हम।
बात जो दिल में है अब बता दीजिए।।

ज़ुल्म करना बुरा ज़ुल्म सहना बुरा।
इसलिए ज़ुल्म को मत हवा दीजिए।।

उँगलियाँ जिस पे दुनिया उठाने लगे।
ऐसी हर आरज़ू[3] को दबा दीजिए।।

जो भी तक़्सीम[4] कर दे हमें मुल्क में।
ऐसी दीवार 'साहिल' गिरा दीजिए।।

---

1. जानिब=दिशा, 2. सौग़ात=उपहार, 3. आरज़ू=इच्छा, 4. तक़्सीम=बाँटना।

63

हाल-ए-दिल[1] सबको सुनाऊँ ये ज़रूरी तो नहीं।
ज़ख़्मे दुनिया को दिखाऊँ ये ज़रूरी तो नहीं।।

दिल सलामत[2] है अगर फिर तो उजालों के लिए।
मैं दिया घर में जलाऊँ ये ज़रूरी तो नहीं।।

राज़ मुद्दत से जो सीने में मेरे महफूज़[3] है।
राज़ वो तुमको बताऊँ ये ज़रूरी तो नहीं।।

हो जहाँ झूठों की महफ़िल मैं वहाँ सच बोलकर।
ख़ुद मज़ाक़ अपना उड़ाऊँ ये ज़रूरी तो नहीं।।

गर कोई एहसान मैंने दोस्तों पर कर दिया।
वो सर-ए-महफ़िल[4] जताऊँ ये ज़रूरी तो नहीं।।

ज़िन्दगी तो रास[5] मुझको आ गयी 'साहिल' मगर।
रास में उसको भी आऊँ ये ज़रूरी तो नहीं।।

---

1. हाल-ए-दिल=हृदय की व्यथा, 2. सलामत=कुशल, 3. महफूज़=सुरक्षित, 4. सर-ए-महफ़िल=सभा के समक्ष, 5. रास=रुचिकर।

64

होश खोकर जोश में कुछ इस तरह मैं बह गया।
क्या मुझे कहना था उससे और क्या-क्या कह गया।।

उसकी जानिब देखकर आख़िर ये मुझको क्या हुआ।
एक सच होंटों पे मेरे आते-आते रह गया।।

जो असासा[1] ज़िन्दगी का उसने जोड़ा उम्र भर।
मौत का सैलाब[2] जब आया तो सब कुछ बह गया।।

ज़ुल्म की बुनियाद पर उसने बनाया था महल।
सब्र की बस एक ही ठोकर से वो भी ढह गया।।

तुमने तो आँसू ही देखे हैं तुम्हें मालूम क्या।
दर्द का दरिया मेरी आँखों से होकर बह गया।।

दोस्ती क़ायम रहे हर हाल में यह सोचकर।
दोस्तों ने जो दिये वो ज़ख़्म हँस कर सह गया।।

ज़िन्दगी ने हर क़दम पर नेमतें[3] तक़्सीम[4] कीं।
और 'साहिल' उम्र के ज़ेर-ओ-ज़बर[5] में रह गया।।

1. असासा=सम्पत्ति, 2. सैलाब=बाढ़, 3. नेमतें=ईश्वर प्रदत्त धन, 4. तक़्सीम=बाँटना, 5. ज़ेर-ओ-ज़बर=उथल-पुथल।

65

वबा[1] का क़हर जारी है ज़रा तुम फ़ासला रखना।
सभी की ख़ैरियत के वास्ते लब पर दुआ रखना।।

जो मुश्किल में पड़े हैं और जिनका है नहीं कोई।
मदद के वास्ते उनसे भी थोड़ा राब्ता[2] रखना।।

बहुत मुमकिन तुम्हारे अपने सारे ख़ैरियत से हों।
मगर उनसे मुसल्सल[3] ख़ैरियत का सिलसिला रखना।।

चलो माना कि तुमको फ़ैसले लेना भी आता है।
मगर अपने बड़ों से मशवरे का रास्ता रखना।।

उसूलों से बना लो ज़िन्दगी बेहतर ज़माने में।
जो बेहतर हैं ज़माने में तुम उनसे वास्ता रखना।।

ये राह-ए-आज़माइश[4] है तुम्हें इससे गुज़रना है।
बस इतनी शर्त है इसमें ख़ुदा को रहनुमा[5] रखना।।

अँधेरी रात गुज़रेगी सहर[6] भी आयेगी 'साहिल'।
छँटेगी तीरगी[7] बस तुम ज़रा सा हौसला रखना।।

---

1. वबा=प्राकृतिक आपदा/बीमारी, 2. राब्ता=सम्पर्क, 3. मुसल्सल=लगातार, 4. राह-ए-आज़माइश =परीक्षा की डगर, 5. रहनुमा=मार्गदर्शक, 6. सहर=भोर, 7. तीरगी=अन्धकार।

66

उजाला जब भी मेरे साथ-साथ चलने लगा।
तो मेरा साया[1] मेरे जिस्म से निकलने लगा।।

तमाम उम्र वो दुश्मन मेरा रहा लेकिन।
पड़ा जो वक़्त मेरे साथ-साथ चलने लगा।।

निशाना कौन बनेगा यहाँ सियासत का।
सवाल ज़ेहन[2] में मेरे ये फिर मचलने लगा।।

वो राह-ए-रास्त[3] पे है या कि कोई साज़िश है।
मिज़ाज[4] मेरे पड़ोसी का अब बदलने लगा।।

सहर[5] क़रीब है 'साहिल' इसी लिए शायद।
चराग़-ए-दिल[6] भी मेरा तेज़-तेज़ जलने लगा।।

---

1. साया=परछाईं, 2. ज़ेहन=मस्तिष्क, 3. राह-ए-रास्त=सीधी डगर, 4. मिज़ाज=स्वभाव, 5. सहर=भोर, 6. चराग़-ए-दिल=दिल का दीपक।

67

जब तुम्हारा ख़याल आता है।
ज़िन्दगी का सवाल आता है।।

जिसको देखें वो उनका हो जाये।
उनको ऐसा कमाल[1] आता है।।

जिसकी नज़रें हों सिर्फ़ दानों पर।
कब नज़र उसको जाल आता है।।

मेरी नीदें हराम क्या होंगी।
घर में रिज़्क़-ए-हलाल[2] आता है।।

देखकर इक ग़रीब की हालत।
दिल में किस के मलाल[3] आता है।।

नेकियाँ करके आजकल 'साहिल'।
कौन दरिया में डाल आता है।।

---

1. कमाल=कला, 2. रिज़्क़-ए-हलाल=परिश्रमयुक्त भोजन, 3. मलाल=दुख।

68

उल्फ़त है क्या तेरी किसी आज़ार[1] की तरह।
सब देखने लगे मुझे बीमार की तरह।।

महफ़िल में उनकी शाह के दरबार की तरह।
हम भी खड़े हुए हैं गुनहगार की तरह।।

दो प्यार करने वाले मिलें कैसे प्यार में।
दुनिया खड़ी है बीच में दीवार की तरह।।

साज़िश तो ना-ख़ुदाओं[2] ने की थी बहुत मगर।
माँ की दुआएँ साथ थीं पतवार की तरह।।

सद्क़े[3] का यह असर है कि हर हादसे के वक़्त।
वो साथ मेरे आ गया दीवार की तरह।।

मौजों ने उसको इतना सताया है दोस्तो।
'साहिल' दिखाई देता है मँझधार की तरह।।

1. आज़ार=रोग, 2. ना-ख़ुदा=नाविक, 3. सदक़ा=दान।

69

रिज़्क़-ए-हलाल[1] का जो तलबगार ही नहीं।
या रब तेरे करम का वो हक़दार ही नहीं।।

मिलना अगर किसी से तो इक फ़ासले के साथ।
कोई यहाँ तो साहिब-ए-किरदार[2] ही नहीं।।

कैसे करे बसर वो यहाँ अपनी ज़िन्दगी।
रहने को जिसके कोई भी घर-बार ही नहीं।।

ऐ बादशाह-ए-वक़्त[3] बुज़ुर्गों के पाँव में।
सर भी तू अपना रख दे ये दस्तार[4] ही नहीं।।

वो क्या किसी के दर्द को पहचान पायेगा।
इन्सानियत से जिसका सरोकार ही नहीं।।

जो ज़हर घोलता हो तअस्सुब[5] का हर तरफ़।
उससे बड़ा तो कोई गुनहगार ही नहीं।।

---

1. रिज़्क़-ए-हलाल=परिश्रमयुक्त भोजन, 2. साहिब-ए-किरदार=सद्‌चरित्र, 3. बादशाह-ए-वक़्त =वर्तमान राजा, 4. दस्तार=पगड़ी, 5. तअस्सुब=भेदभाव।

70

अब हक़ीक़त लग रहा है मेरा अफ़साना[1] मुझे।
सारी दुनिया कह रही है तेरा दीवाना मुझे।।

मैं उठा तो कौन होंटों से लगाएगा उन्हें।
मुद्दतों रोया करेंगे जाम-ओ-पैमाना[2] मुझे।।

ये मोहब्बत का असर है या मेरा दीवानापन।
सहन-ए-गुलशन[3] सा नज़र आता है वीराना मुझे।।

ऐ उदासी कौन सी मंज़िल पे ले आयी है तू।
अपना चेहरा भी नज़र आता है बेगाना मुझे।।

टूटे पैमाने, शिकस्ता[4] जाम और तनहाइयाँ।
अपने घर जैसा ही अब लगता है मयख़ाना[5] मुझे।।

जीते-जी अरमान ये 'साहिल' न पूरा हो सका।
मर के शायद ही मयस्सर[6] हो तेरा शाना[7] मुझे।।

---

1. अफ़साना=कहानी, 2. जाम-ओ-पैमाना=शराब का ग्लास व प्याला 3. सहन-ए-गुलशन=बाग़ का आँगन, 4. शिकस्ता=खण्डित, 5. मयख़ाना=मदिरालय, 6. मयस्सर=प्राप्त, 7. शाना=कन्धा।

71

हर घड़ी यह गुमान होता है।
हर क़दम इम्तिहान होता है।।

इश्क़ जब मेहमान होता है।
तब ख़ुदा मेज़बान[1] होता है।।

और बढ़ता है हादसात का ख़ौफ़।
जब भी अम्न-ओ-अमान[2] होता है।।

उसको दुश्वारियाँ[3] नहीं आतीं।
जो भी शीरीं[4] ज़बान होता है।।

एक दुनिया है इन परिन्दों की।
इनका भी ख़ानदान होता है।।

हर जगह तो ज़मीं नहीं होती।
हाँ मगर आसमान होता है।।

हम समझते हैं जिसको दिल 'साहिल'।
ख़्वाहिशों का मकान होता है।।

---

1. मेज़बान=आतिथ्य, 2. अम्न-ओ-अमान=चैन और शान्ति, 3. दुश्वारियाँ=कठिनाइयाँ, 4. शीरीं ज़बान=मृदुभाषी।

72

राह काँटों भरी वो चलता है।
तब कहीं उसका पेट पलता है।।

राह-ए-इंसाफ़[1] पर जो चलता है।
राह अपनी कहाँ बदलता है।।

दिल मचलता था सुबह-ओ-शाम कभी।
आज कल रात दिन मचलता है।।

देखकर इक ग़रीब की शोहरत[2]।
शहर का हर अमीर जलता है।।

हुस्न ता-ज़िन्दगी[3] नहीं रहता।
इक न इक दिन ज़रूर ढलता है।।

---

1. राह-ए-इंसाफ़=न्याय की राह, 2. शोहरत=प्रसिद्धि, 3. ता-ज़िन्दगी=सदैव।

73

उसे बेवफ़ा न कहे कोई मेरा यार यारों का यार है।
वो सुकून है मेरी रूह का वही मेरे दिल का क़रार[1] है।।

जो मिला है मुझको वो कम नहीं जो न मिल सका कोई ग़म नहीं।
मेरा कुछ नहीं है मेरे ख़ुदा जो तेरा है तुझ पे निसार[2] है।।

न वो फूल हैं न वो तितलियाँ न वो शाख़ है न वो आशियाँ।
न चमन के जैसा चमन रहा न बहार जैसी बहार है।।

तेरी ज़ात[3] से मेरी ज़ात है तेरी गुफ़्तगू[4] में है ज़िन्दगी।
तेरे ज़िक्र से तेरे नाम से मेरी ज़िन्दगी में बहार है।।

मुझे दे रहा है जो मशविरे[5] ज़रा कह दो ख़ुद भी अमल करे।
मुझे क्या दिलाएगा वो ख़ुशी वो जो ख़ुद ग़मों का शिकार है।।

मैं वफ़ा[6] करूँ वो जफ़ा[7] करे चलो कौन इसका गिला करे।
ये जो ग़म हैं मेरे नसीब में कहीं उनका कोई शुमार है।।

---

1. क़रार=चैन, 2. निसार=न्यौछावर, 3. ज़ात=अस्तित्व, 4. गुफ़्तगू=वार्ता, 5. मशविरे=परामर्श, 6. वफ़ा=निष्ठा, 7. जफ़ा=अन्याय।

74

जब वो शरमा के[1] चले जाते हैं।
दिल को तड़पा के चले जाते हैं।।

शोख़ अन्दाज़[2] कहूँ क्या उनके।
ज़ुल्फ़ लहरा के चले जाते हैं।।

आ ही जाते हैं ख़यालों में वो।
मन को भरमा के[3] चले जाते हैं।।

खोलते हैं वो कहाँ लब अपने।
अश्क[4] छलका के चले जाते हैं।।

ग़म तो आके भी नहीं जा पाते।
और वो आ के चले जाते हैं।।

मुश्किलों में मुझे पाकर 'साहिल'।
लोग कतरा के[5] चले जाते हैं।।

---

1. शरमा के=लज्जावश, 2. शोख़ अन्दाज़=चंचलता, 3. भरमा के=भ्रमित करके, 4. अश्क=आँसू, 5. कतरा के=किनारा करके।

75

महफ़िल में यह अजीब से दस्तूर[1] हो गये।
बदनाम जिनको होना था मशहूर हो गये।।

उनसे वफ़ा-परस्ती[2] की उम्मीद थी बहुत।
अफ़सोस है वो रिश्ते ही नासूर[3] हो गये।।

धोके से मेरा सच मेरे होंटों पे आ गया।
क़िस्से मेरी हयात[4] के मशहूर हो गये।।

ताज़ीम[5] का ये हश्र[6] तो होना ही था यहाँ।
झुक कर मिला हूँ जिनसे वो मग़रूर[7] हो गये।।

उनकी मोहब्बतों का सिला हमको ये मिला।
हम दर-ब-दर भटकने पे मजबूर हो गये।।

तक़दीर का ये खेल भी कितना अजीब है।
मंज़िल के पास आके बहुत दूर हो गये।।

कुछ राज़ तो ज़रूर है 'साहिल' ये देखिए।
जिनमें चमक थी चेहरे वो बे-नूर[8] हो गये।।

---

1. दस्तूर=प्रथा, 2. वफ़ा-परस्ती=वादा निभाना, 3. नासूर=घाव, 4. हयात=जीवन, 5. ताज़ीम=सम्मान, 6. हश्र=अंजाम, 7. मग़रूर=घमण्डी, 8. बे-नूर=आभा रहित।

76

माँगी है दुआ जिनके लिए हाथ उठाकर।
रख देंगे किसी रोज़ वही तुमको मिटा कर।।

दुनिया की किताबें तो बहुत तूने पढ़ी हैं।
ऐ दोस्त कभी तू मेरा चेहरा भी पढ़ा कर।।

कर देगा मुझे फिर वो हवाओं के हवाले।
हट जायेगा वो दिल में मेरे आग लगाकर।।

आयेंगे नज़र तुझको तेरे चाहने वाले।
तू देख तकब्बुर[1] का ज़रा पर्दा हटा कर।।

कितना भी कोई रोके मेरा रास्ता 'साहिल'।
पीछे न हटूँगा मैं क़दम आगे बढ़ा कर।।

---

1. तकब्बुर=घमण्ड।

77

यह और बात है मुझे रहने न दीजिए।
लेकिन मेरे मकान को ढहने न दीजिए।

रखिए हर एक उनकी अमानत[1] सँभाल कर।
आँसू भी अपनी आँख से बहने न दीजिए।।

दुनिया की किस किताब में लिक्खा है ये कि आप।
हमको हमारी बात भी कहने न दीजिए।।

तालीम[2] का लिबास[3] ज़रूरी है दोस्तो।
बेटी को सिर्फ़ आरज़ी[4] गहने न दीजिए।।

'साहिल' ये अपने सर का उतारा तो दूर है।
कपड़े किसी ग़रीब को पहने न दीजिए।।

---

1. अमानत=धरोहर, 2. तालीम=शिक्षा, 3. लिबास=वस्त्र, 4. आरज़ी=कृत्रिम।

78

काम आती नहीं दवा कोई।
दर्द की भी है इन्तेहा[1] कोई।।

इश्क़ ऐसा मरज़ है दुनिया में।
जिसकी मिलती नहीं दवा कोई।।

हाथ मिलते रहे हैं रोज़ मगर।
दिल से दिल भी कभी मिला कोई।।

ज़ख़्म जो दोस्ती ने बख़्शे हैं।
कर रहा है उन्हें हरा कोई।।

सबकी आँखों में ख़ौफ़ बैठा है।
शह्र में उड़ गयी हवा कोई।।

जिसको देखो वो राहज़न[2] है यहाँ।
क्या दिखाएगा रास्ता कोई।।

क्यों परेशाँ हो इस क़दर 'साहिल'।
सामने फिर है मरहला[3] कोई।।

1. इन्तेहा=सीमा, 2. राहज़न=रास्ते का लुटेरा, 3. मरहला=समस्या/पड़ाव।

79

हर इक हँसते हुए गुल को रुलाना याद आता है।
तेरा हर फूल से तितली उड़ाना याद आता है।।

तेरी वो झील सी आँखों में इतराता हुआ बादल।
मुझे बरसात का मौसम सुहाना याद आता है।।

सवाल-ए-वस्ल[1] पर चेहरे का तेरे सुर्ख़[2] हो जाना।
कभी वो शर्म से आँखें झुकाना याद आता है।।

किताबें माँगकर ले जाना अक्सर और लौटाना।
तेरा वो मुझसे मिलने का बहाना याद आता है।।

कोई करता है जब हिन्दोस्ताँ की बात ऐ 'साहिल'।
मुझे इक़बाल का क़ौमी तराना[3] याद आता है।।

---

1. सवाल-ए-वस्ल=मिलन का प्रश्न, 2. सुर्ख़=लाल, 3. क़ौमी तराना=राष्ट्रीय गीत।

80

छाँव के होते हुए धूप में चलते क्यों हैं।
अपने अरमानों को ख़ुद आप कुचलते क्यों हैं।।

कल तो साये[1] की तरह साथ मेरे रहते थे।
अब वो कतरा के[2] मेरे साये से चलते क्यों हैं।।

तुमने कल बोये थे ख़ुद राह में अपनी काँटे।
आज ये राह के काँटे तुम्हें खलते क्यों हैं।।

ये भी सोचा है कोई ख़ार[3] भी चुभ सकता है।
आप खिलते हुए फूलों को मसलते क्यों हैं।।

राज़[4] खुलने का तुझे डर है अगर ऐ 'साहिल'।
फिर ये अल्फ़ाज़ तेरे लब[5] से फिसलते क्यों हैं।।

---

1. साये=परछाई, 2. कतरा के=किनारा करके, 3. ख़ार=काँटे, 4. राज़=भेद, 5. लब=होंट।

81

ग़ुरबत[1] का अब मज़ाक़ उड़ाने लगे हैं लोग।
दौलत को सर का ताज बताने लगे हैं लोग।।

तहज़ीब-ए-शहर[2] कितनी बदल दी है वक़्त ने।
अपनी रिवायतों[3] को भुलाने लगे हैं लोग।।

अल्लाह उनकी अक़्ल का पर्दा ज़रा हटा।
फिर अपनी बेटियों को जलाने लगे हैं लोग।।

हद हो चुकी है अब तो मेरे इन्केसार[4] की।
कमतर[5] समझ के मुझको सताने लगे हैं लोग।।

इल्ज़ाम सारा अपने मुक़द्दर पे डालकर।
नाकामियों को अपनी छुपाने लगे हैं लोग।।

सच्चाई का अलम[6] मेरे हाथों में देखकर।
बस्ती में कितना शोर मचाने लगे हैं लोग।।

मौजों से लड़ते-लड़ते जो 'साहिल' तक आ गया।
एहसान उस पे अपना जताने लगे हैं लोग।।

---

1. ग़ुरबत=ग़रीबी, 2. तहज़ीब-ए-शहर=नगरीय संस्कृति, 3. रिवायत=परम्परा, 4. इन्केसार=विनम्रता, 5. कमतर=तुच्छ, 6. अलम=ध्वज।

82

जो लब पर मेरे तेरा नाम होगा।
तुझे भी दर्द से आराम होगा।।

मुझे शोहरत[1] तो मिल जायेगी लेकिन।
मुझे डर है कि तू बदनाम होगा।।

निकल आये हैं वो बे-पर्दा[2] घर से।
दिलों का आज क़त्ल-ए-आम[3] होगा।।

ये ख़ामोशी बता देती है हमको।
हमारे शह्‌र में कोहराम[4] होगा।।

हमें मालूम था पहले से 'साहिल'।
मोहब्बत में यही अंजाम होगा।।

1. शोहरत=ख्याति, 2. बे-पर्दा=वस्त्रहीन, 3. क़त्ल-ए-आम=नरसंहार, 4. कोहराम=हाहाकार।

83

याद तेरी अगर नहीं होती।
ज़िन्दगी मोअतबर[1] नहीं होती।।

याद रख ये भी माँगने वाले।
हर दुआ पुर-असर[2] नहीं होती।।

कोई करता है जब दुआ दिल से।
वो दुआ बे-असर[3] नहीं होती।।

दूसरों की ख़बर तो दूर की बात।।
ख़ुद को ख़ुद की ख़बर नहीं होती।।

तुझको शोहरत कभी नहीं मिलती।
मेरी रुसवाई[4] गर नहीं होती।।

बे-ख़बर तू भले रहे माँ से।
माँ कभी बे-ख़बर नहीं होती।।

तुम जो औलाद पर नज़र रखते।
बे-बसी इस क़दर नहीं होती।।

ये बता कौन सी हवेली है।
एक दिन जो खंडर नहीं होती।।

पढ़ता रहता हूँ रात दिन 'साहिल'।
दास्ताँ[5] मुख़्तसर[6] नहीं होती।।

---

1. मोअतबर=श्रेष्ठ, 2. पुर-असर=प्रभावी, 3. बे-असर=निष्प्रभावी, 4. रुसवाई=अपमान,
5. दास्ताँ=कहानी, 4. मुख़्तसर=संक्षिप्त।

84

चार दिन की ज़िन्दगी है।
और इसमें मौत भी है।।

दोस्ती तो नाम की है।
दुश्मनी ही दुश्मनी है।।

ख़्वाहिशें हद से ज़ियादा।
मुख़्तसर[1] सी ज़िन्दगी है।।

कुछ तुम्हारी ख़ामियाँ हैं।
कुछ हमारी भी कमी है।।

उनके होंटों पर तबस्सुम[2]।
मेरी आँखों में नमी है।।

आये दिन हम मुफ़लिसों[3] पर।
इक क़यामत[4] टूटती है।।

ऐ अँधेरों के मुसाफ़िर।
दो क़दम पर रोशनी है।।

उनके दीवानों में 'साहिल'।
क्या तेरा एक नाम भी है।।

---

1. मुख़्तसर=बहुत थोड़ी, 2. तबस्सुम=मुस्कान, 3. मुफ़लिस=निर्धन, 4. क़यामत=प्रलय।

85

दिल में यूँ फूल मोहब्बत के खिलाये रखना।
अपने होंटों को दुआओं से सजाये रखना।।

दिल में यादों के चराग़ों को जलाये रखना।
अपने सीने में मेरा प्यार छुपाये रखना।।

धूप से मुझको शिकायत तो नहीं है कोई।
मेरे हिस्से में मगर थोड़े से साये[1] रखना।।

वक़्त से पहले कहीं नींद न आ जाये मुझे।
मुझको कुछ देर अभी और जगाये रखना।।

तू मेरा साथ न दे इसका गिला[2] कोई नहीं।
हौसला मेरा मेरे यार बढ़ाये रखना।।

लौट कर आये न आये वो कभी ऐ 'साहिल'।
उसके आने की मगर आस लगाये रखना।।

---

1. साये=छाँव, 2. गिला=परिवाद।

86

हमको भी क्या ख़ूब सज़ा दी।
दुश्मन ने जीने की दुआ दी।।

दिल की इस दीवार पे मैंने।
उनकी इक तस्वीर बना दी।।

इश्क़ ने मुझको रुसवा[1] करके।
महफ़िल-महफ़िल शान बढ़ा दी।।

उसके लफ़्ज़ों के शोलों ने।
सारे शह्र में आग लगा दी।।

तेरे प्यार की सरगोशी[2] ने।
दिल में मेरे धूम मचा दी।।

उसने आँखें फेर लीं मुझसे।
जिस पर मैंने जान लुटा दी।।

उसकी यादों ने फिर आकर।
आज हमारी नींद उड़ा दी।।

'साहिल' मैंने मुड़ के न देखा।
जब दरिया ने मुझको सदा[3] दी।।

---

1. रुसवा=अपमान, 2. सरगोशी=कानाफूसी, 3. सदा=आवाज़।

87

ये दिल जिस दिन मोहब्बत में मचलना सीख जायेगा।
तो अपने आप गिर-गिर कर सँभलना सीख जायेगा।।

अभी नादान बच्चा है नहीं कुछ भी समझ उसको।
अगर कुछ लड़खड़ाया भी तो चलना सीख जायेगा।।

कभी बैठा करो तुम भी मोहब्बत करने वालों में।
तुम्हारे दिल का पत्थर भी पिघलना सीख जायेगा।।

नसीहत से अगर बचता रहा वो शेख़-ओ-बरह्मन[1] की।
तो रफ़्ता-रफ़्ता[2] राह-ए-हक़[3] पे चलना सीख जायेगा।।

ज़रूरत ही न होगी उसको आईना बदलने की।
अगर वो आदमी चेहरे बदलना सीख जायेगा।।

अगर अपने बुज़ुर्गों की दुआएँ साथ हैं 'साहिल'।
तो ग़ुरबत[4] के थपेड़ों में भी पलना सीख जायेगा।।

---

1. शेख-ओ-बरह्मन=धर्म गुरुओं, 2. रफ़्ता-रफ़्ता=धीरे-धीरे, 3. राह-ए-हक़=सच्ची राह,
4. ग़ुरबत=दरिद्रता।

88

जुस्तजू[1] तेरी, तेरा ग़म, तेरी क़ुरबत[2] क्या है।
सोचता रहता हूँ आख़िर ये मोहब्बत क्या है।।

हमने लोगों से बहुत ज़िक्र सुना था लेकिन।
उनको देखा तो ये जाना कि क़यामत[3] क्या है।।

वहशी दुनिया है तेरा प्यार नहीं समझेगी।
अपने जज़्बात[4] दिखाने की ज़रूरत क्या है।।

ये भी क़ुदरत का करिश्मा[5] है कि दुनिया में कोई।
आज तक ये न समझ पाया कि क़ुदरत[6] क्या है।।

तूने दिल में तो बसा रखी है दुनिया की हवस[7]।
तेरे ईमान से बढ़कर तेरी दौलत क्या है।।

इक तेरी ज़ात से क़ायम है वुजूद[8] इंसाँ का।
वरना इंसान की दुनिया में हक़ीक़त क्या है।।

जिस्म का हुस्न तेरी रूह तलक है 'साहिल'।
ये नहीं हो तो ये मिट्टी की इमारत क्या है।।

---

1. जुस्तजू=चाह, 2. क़ुरबत=न्किटता, 3. क़यामत=प्रलय, 4. जज़्बात=भावनाएँ, 5. करिश्मा=चमत्कार, 6. क़ुदरत=प्रकृति, 7. हवस=लालच, 8. वुजूद=अस्तित्व।

89

बढ़ाया जब भी तो बस मेरा ग़म बढ़ाया है।
किसी ने कब कोई दस्त-ए-करम[1] बढ़ाया है।।

गिला करें भी तो क्यों उसकी मेहरबानी का।
कि हमने अपने ही दामन को कम बढ़ाया है।।

मेरे ख़ुदा मुझे आसानियाँ अता कर दे।
सुख़न[2] की राह में पहला क़दम बढ़ाया है।।

चराग़ बनके लड़ा हूँ मैं जब अँधेरों से।
क़दम-क़दम पे हवाओं ने दम बढ़ाया है।।

हर एक शख़्स ने ख़ंजर[3] अता किये 'साहिल'।
किसी ने मेरी तरफ़ कब क़लम बढ़ाया है।।

---

1. दस्त-ए-करम=आशीर्वाद का हाथ, 2. सुख़न=शायरी/कविता, 3. ख़ंजर=चाकू।

90

यूँ दिल का दस्तूर निभाया जा सकता है।
दुश्मन भी हमदर्द बनाया जा सकता है।।

क्यों डाली है सच कहने की आदत उसने।
उसको भी बीमार बताया जा सकता है।।

नफ़्स[1] पे क़ाबू पाने की आदत डालो तो।
ऐसे भी ईमान बचाया जा सकता है।।

सब्र-ओ-तहम्मुल[2] का मरकज़[3] हो जिसका दिल भी।
ऐसे शख़्स पे ज़ुल्म भी ढाया जा सकता है।।

बढ़ जाये जब मज़लूमों[4] पे ज़ुल्म जो हद से।
ज़ालिम पर हथियार उठाया जा सकता है।।

दुनिया भर के ग़म को अपना ग़म मत समझो।
तुमको भी पागल ठहराया जा सकता है।।

देख के ये एहसास हुआ है आज किसी को।
आँखों से कोहराम[5] मचाया जा सकता है।।

अश्कों[6] के तेज़ाब से सुनते हैं हम 'साहिल'।
पत्थर दिल को मोम बनाया जा सकता है।।

---

1. नफ़्स=इन्द्रिय, 2. सब्र-ओ-तहम्मुल=धैर्य, 3. मरकज़=केन्द्र, 4. मज़लूम=निरीह, 5. कोहराम=हंगामा, 6. अश्कों=आँसुओं।

91

मेरी तरफ़ से निगाहें तो वो हटा लेगा।
वो अपने ज़ेह्न[1] से कैसे मुझे निकालेगा।।

लबों पे फूल मोहब्बत के जो सजा लेगा।
उसे हरीफ़[2] भी बढ़कर गले लगा लेगा।।

गुनहगार न बन उसको बद्-दुआ[3] देकर।
ग़ुरूर उसका उसे ख़ुद ही मार डालेगा।।

हर एक आग को वो रोशनी समझता है।
मैं चूक जाऊँ तो वो उँगलियाँ जला लेगा।।

बहुत सँभाल के रक्खा है आँसुओ तुमको।
मेरी तरह तुम्हें आँखों में कौन पालेगा।।

अगर जुनून[4] की हद से गुज़र गया दरिया।
तो अपने साथ वो 'साहिल' को भी बहा लेगा।।

---

1. ज़ेह्न=मस्तिष्क, 2. हरीफ़=पारस्परिक शत्रु प्रेमी, 3. बद्-दुआ=श्राप, 4. जुनून=ठान लेना।

92

उनके ख़याल अश्क[1] में ढल कर भी आयेंगे।
ख़ारों के साथ-साथ गुल-ए-तर[2] भी आयेंगे।।

बढ़ते रहे गुनाह जो तेरे इसी तरह।
इक दिन ग़ज़ब की शक्ल में ढलकर भी आयेंगे।।

दौलत कमाने वाले तुझे ये ख़याल है।
शीशे के इस मकान में पत्थर भी आयेंगे।।

ताबीर[3] जिसकी कोई बता ही न पायेगा।
कुछ ऐसे तेरे ख़्वाब में मंज़र[4] भी आयेंगे।।

सच्ची अगर है तेरी मोहब्बत तो देखना।
'साहिल' वो एक रोज़ तेरे घर भी आयेंगे।।

---

1. अश्क=आँसू, 2. गुल-ए-तर=भीगे फूल, 3. ताबीर=स्पष्टता/आभास, 4. मंज़र=दृश्य।

93

समझ रहा था जिसे मैं सड़ा गला काग़ज़।
ख़बर न थी कि वही काम आयेगा काग़ज़।।

सुबूत जुर्म-ए-मोहब्बत[1] का पेश कर दूँगा।
लगा जो हाथ तेरे हाथ का लिखा काग़ज़।।

मेरी हयात[2] से पहले ही मुझको मौत मिली।
अभी लिखा भी नहीं और भर गया काग़ज़।।

मैं ज़िन्दगी के उसी मोड़ पर खड़ा हूँ अभी।
तमाम उम्र मगर दौड़ता रहा काग़ज़।।

वो मेरे पास हो 'साहिल' कि तेरे पास रहे।
किसी के काम न आयेगा अध-जला काग़ज़।।

---

1. जुर्म-ए-मुहब्बत=प्रेम का अपराध, 2. हयात=जीवन।

94

ऐ सियासत तेरा निज़ाम[1] ग़लत।
जिसमें नफ़रत हो वो पयाम[2] ग़लत।।

कोई प्यासा रहे कोई सैराब[3]।
मयकदे का है ये निज़ाम ग़लत।।

हादसे का सबब है और कोई।
ले रहा है वो मेरा नाम ग़लत।।

मस्अला[4] था मेरे उसूलों का।
वो लगाता रहा है दाम ग़लत।।

उसके होश-ओ-हवास जाते रहे।
बोलता है वो सुबह-ओ-शाम ग़लत।।

वो जो मतलब से अपने मिलते हैं।
ऐसे लोगों का एहतेराम[5] ग़लत।।

यह तो फ़ितरत है हर हुकूमत की।
उसकी नज़रों में है अवाम[6] ग़लत।।

मौत इक दिन सभी को आनी है।
ज़िन्दगी तेरा ऐहतेमाम[7] ग़लत।।

देखना पड़ रहा है सब 'साहिल'।
हो रहे हैं बहुत से काम ग़लत।।

---

1. निज़ाम=व्यवस्था, 2. पयाम=सन्देश, 3. सैराब=डूबा हुआ, 4. मस्अला= प्रकरण, 5. एहतेराम= सम्मान, 6. अवाम=जनमानस, 7. ऐहतेमाम=प्रबन्ध।

95

हर एक हाथ में पत्थर है क्या किया जाये।
ये आइने का मुक़द्दर है क्या किया जाये।।

बना लिया है उसे मरकज़-ए-नज़र[1] मैंने।
सरापा[2] हुस्न का पैकर[3] है क्या किया जाये।।

वो चाहे जान भी ले नहीं रहेगा ले मेरी तो है मंज़ूर।
मेरा भरोसा उसी पर है क्या किया जाये।।

अगर वो चाहे भी इक पल तो जी नहीं सकता।
अजल[4] का वक़्त मुक़र्रर[5] है क्या किया जाये।।

चला गया है वो मक़तल[6] से क़त्ल करके मगर।
ये जुर्म भी मेरे सर पर है क्या किया जाये।।

कोई महल में रहे या किसी को छत न मिले।
ये अपना अपना मुक़द्दर है क्या किया जाये।।

जो फ़ख़्र करता रहा है मेरे उसूलों पर।
वो शख़्स मुझसे भी बेहतर है क्या किया जाये।।

जुनून मुझको है 'साहिल' तलक पहुँचने का।
मगर ये ग़म का समन्दर है क्या किया जाये।।

---

1. मरकज़-ए-नज़र=केन्द्र बिन्दु, 2. सरापा=सर से पाँव तक, 3. पैकर=पुतला, 4. अजल=मृत्यु, 5. मुक़र्रर=निश्चित, 6. मक़तल=वधशाला।

96

तमाम उम्र फ़क़त वो इसी जलन में रहे।
सिवाय उनके कोई भी न इस चमन में रहे।।

ज़बाँ ख़मोश रहे ये तो क़ैद है मुमकिन।
लहू बदन का मगर कब तलक बदन में रहे।।

लगा रहा मेरा दुश्मन मुझे मिटाने में।
मेरे उसूल सदा मेरे जान-ओ-तन[1] में रहे।।

ज़माना लाख सताता रहा मगर हम लोग।
क़लन्दरों[2] की तरह अपने बाँकपन[3] में रहे।।

ख़याल उसका मेरे ज़ेहन को उजाला दे।
और उसकी याद मेरे जिस्म की थकन में रहे।।

ग़म-ए-हयात[4] के मअ्नी से जो नहीं वाक़िफ़[5]।
उसे बताओ कि अपनों की अंजुमन[6] में रहे।।

हरीफ़[7] हमसे बहुत सादगी से मिलता है।
हम इस सुलूक से 'साहिल' बहुत घुटन में रहे।।

---

1. जान-ओ-तन=हृदय व शरीर, 2. क़लन्दर=साधु, 3. बाँकपन=मस्ती, 4. ग़म-ए-हयात=जीवन का दुख, 5. वाक़िफ़=जानकार, 6. अंजुमन=सभा, 7. हरीफ़=पारस्परिक प्रेमी शत्रु।

97

तअस्सुबात[1] के पर्दों को जो हटा न सका।
मोहब्बतों के घरोंदे कभी बना न सका।।

दुआ के आगे सदा हारता रहा दुश्मन।
मिटाना तो मुझे चाहा मगर मिटा न सका।।

वो शख़्स घर के मसाइल[2] में इस क़दर उलझा।
भटक के रह गया रस्ते में घर को जा न सका।।

तपिश[3] तो ख़ूब रही मुझ में ज़िन्दगी की मगर।
चराग़ बन के ज़माने को जगमगा न सका।।

जतन तो लाख किये ना-ख़ुदा[4] ने भी लेकिन।
मैं बद-नसीब था 'साहिल' के पास जा न सका।।

---

1. तअस्सुबात=भेदभाव, 2. मसाइल=समस्याएँ, 3. तपिश=लौ, 4. ना-ख़ुदा=नाविक।

98

समझ रहा था जिसे कल मैं दुश्मनों की तरह।
उसी ने साथ निभाया है दोस्तों की तरह।।

मैं दौड़ता रहा फिर भी न मिल सकी मंज़िल।
मेरा नसीब था पुर-ख़ार[1] रास्तों की तरह।।

हज़ार ख़ुशियाँ मयस्सर[2] हैं फिर भी वो ग़म को।
छुपाये फिरता है पलकों में आँसुओं की तरह।।

हमारी भीगती पलकों का ये करिश्मा[3] है।
दिखाई देता है हर-सू[4] वो जुगनुओं की तरह।।

अजीब ख़ौफ़ सा रहता है ज़िन्दगी तुझ से।
उलझ न जाये कहीं तू भी गेसुओं[5] की तरह।।

हर एक मोड़ पे 'साहिल' मुझे हुआ महसूस।
बसा हुआ है फ़ज़ा[6] में वो ख़ुशबुओं की तरह।।

---

1. पुर-ख़ार=काँटोंयुक्त, 2. मयस्सर=उपलब्ध, 3. करिश्मा=चमत्कार, 4. हर-सू=चहुँओर, 5. गेसुओं=बालों, 6. फ़ज़ा=वातावरण।

99

ज़रदार[1] की तरफ़ कभी माएल[2] नहीं हुए।
हम तो फ़क़ीर-ए-इश्क़[3] थे साएल[4] नहीं हुए।।

थे साहिब-ए-निसाब[5] तो फिर मुफ़लिसों[6] की सिम्त।
सरकार आप किस लिए माएल नहीं हुए।।

अपने उसूल प्यार मोहब्बत हैं आज भी।
जुल्म-ओ-सितम के हम कभी क़ाएल नहीं हुए।।

बा-ज़र्फ़[7] ने तो क़त्ल किया क़त्ल हो गये।
कम-ज़र्फ़[8] तेरे तीर से घाएल नहीं हुए।।

आये हैं ज़िन्दगी में कई और लोग भी।
तेरे सिवा किसी के भी क़ाएल[9] नहीं हुए।।

'साहिल' तू इस क़दर है परेशान किस लिए।
वो घर बता जहाँ पे मसाएल[10] नहीं हुए।।

---

1. ज़रदार=धनवान, 2. माएल=आकृष्ट, 3. फ़क़ीर-ए-इश्क़=प्रेम रोगी, 4. साएल=भिक्षु, 5. साहिब-ए-निसाब=हैसियत वाले, 6. मुफ़लिसों=ग़रीबों, 7. बा-ज़र्फ़=लज्जावान, हयावान, 8. कम-ज़र्फ़=बे-हया, 9. क़ाएल=भक्त, 10. मसाएल=समस्याएँ।

100

बातिल[1] के हर ख़याल को पामाल[2] कर तो देख।
ईमान दिल में तू भी कभी पाल कर तो देख।।

राज़-ए-हयात[3] क्या है समझना है ग़र तुझे।
पानी के बुलबुले पे नज़र डाल कर तो देख।।

अच्छी लगेगी तुझको ज़माने की हर ख़ुशी।
साँचे में ग़म के ख़ुद को ज़रा ढाल कर तो देख।।

चल जायेगा तुझे भी पता क्या है ये बला।
चाहत का रोग दिल में कभी पाल कर तो देख।।

किन किन मुसीबतों से गुज़रते हैं अहल-ए-दिल[4]।
ख़ुद को किसी के इश्क़ में बे-हाल कर तो देख।।

चेहरे पे उसके आते हैं क्या क्या तअस्सुरात[5]।
'साहिल' बयाँ तू अपना कभी हाल कर तो देख।।

---

1. बातिल=असत्य, 2. पामाल=नष्ट, 3. राज़-ए-हयात=जीवन का रहस्य, 4. अहल-ए-दिल= दिल वाले, 5. तअस्सुरात=उतार-चढ़ाव।

101

लौटा हूँ जबसे शहर का बाज़ार देख कर।
हैरतज़दा[1] हूँ लोगों का किरदार[2] देख कर।।

अच्छा हुआ कि उसका भरम टूट ही गया।
धोके में आ गया था जो अख़बार देख कर।।

फूलों का बोझ जिनको उठाना मुहाल[3] था।
हैरत है उनके हाथ में तलवार देख कर।।

जिनके लिए उठाये ज़माने में रंज-ओ-ग़म[4]।
ख़ुश हो रहे हैं वो भी मेरी हार देख कर।।

कुछ ऐसा कर कि लोग तुझे भी नवाज़[5] दें।
क्यों जल रहा है तू मेरी दस्तार[6] देख कर।।

अब तो बहार पाँव के छालों पे आयेगी।
जी ख़ुश हुआ है राह को पुर-ख़ार[7] देख कर।।

'साहिल' को चूमने हैं यक़ीनन तेरे क़दम।
क्यों डर रहा है तू अभी मँझधार देख कर।।

---

1. हैरतज़दा=अचम्भित, 2. किरदार=चरित्र, 3. मुहाल=मुश्किल, 4. रंज-ओ-ग़म=दुख=दर्द, 5. नवाज़=प्रदान 6. दस्तार=पगड़ी, 7. पुर-ख़ार=काँटोंयुक्त।

102

ग़म-ए-हयात[1] से बचकर गुज़र रहा हूँ मैं।
ग़लत कहा कि ज़माने से डर रहा हूँ मैं।।

किसी के ग़म से जो फ़ुर्सत मिले तो सोचूँगा।
अभी तो वक़्त के ज़ख़्मों को भर रहा हूँ मैं।।

ये और बात कि अब उसने फेर लीं आँखें।
कभी उसी का शऊर-ए-नज़र[2] रहा हूँ मैं।।

ये मेरे लफ़्ज़ मेरा साथ दें न दें लेकिन।
सुख़न-शनास[3] नज़र से सँवर रहा हूँ मैं।।

समेटना भी जो चाहूँ समेट कैसे लूँ।
मुझे ये लगता है हरदम बिखर रहा हूँ मैं।।

हलाल रिज़्क़[4] ने दुनिया में सुर्ख़-रू[5] रखा।
इसी सबब[6] से तो आला[7] हुनर रहा हूँ मैं।।

चराग़ बुझने न दूँगा मैं अम्न का 'साहिल'।
कि एक आख़री कोशिश तो कर रहा हूँ मैं।।

---

1. ग़म-ए-हयात=जीवन के दुख, 2. शऊर-ए-नज़र=दृष्टि का सलीक़ा, 3. सुख़न-शनास=शायरी के पारखी, 4. हलाल रिज़्क़=परिश्रमयुक्त भोजन, 5. सुर्ख़-रू=प्रकाशमान, 6. सबब=कारण, 7. आला=सर्वोच्च।

नज़्म

•

डर लगता है, हाँ, मुझे डर लगता है
ज़िन्दगी के अनसुलझे सवालों से
उम्मीद के छाये घनेरे बादलों से
सह्मी सह्मी सी उन निगाहों से
जो अपने वुजूद[1] की तलाश में हैं...

•

बदन पेड़ की कटी हुई टेहनी की मानिन्द[2]
साँस ठहरी-ठहरी सी, जो कुछ लम्हों में
कहने वाली है... अलविदा
कौन है वो जिसकी तलाश है
इन आँखों को...शायद कोई अपना...

---

1. वुजूद=अस्तित्व, 2. मानिन्द=भाँति।

क़त्आत/मुक्तक

•

काश उसने भी मेरे दर्द को समझा होता।
ज़ख़्म-ए-दिल मेरा न हरगिज़ कभी गहरा होता।।
कितना दुश्वार है रिश्तों की नज़र अन्दाज़ी[1]।
उसने जाते हुए इक बार तो सोचा होता।।

•

ये फ़ैसला है मेरे दिल का आप चुप क्यों हैं।
कहीं दिमाग़ ने की तो नहीं है सरगोशी[2]।।
हवा के होश उड़े जा रहे हैं क्यों 'साहिल'।
किसी चराग़ ने की तो नहीं है सरगोशी।।

•

नफ़रतों को न हवा दो ये चमन है मेरा।
जान क़ुरबान है इस पर ये वतन है मेरा।।
यूँ तो तुम बाँट ही देते हो ज़बानें मेरी।
बाँटना इसको न यारो ये सुख़न[3] है मेरा।।

---

1. नज़र अन्दाज़ी=दृष्टि फेरना, 2. सरगोशी=कानाफूसी, 3. सुख़न=कविता/शायरी।

•

अजीब सहरा[4] है गुलशन[5] दिखाई देता है।
वफ़ा ख़ुलूस भी रस्मन[6] दिखाई देता है।।
ये ज़हर कैसा फ़ज़ाओं[7] में घुल गया 'साहिल'।
कि भाई, भाई का दुश्मन दिखाई देता है।।

•

पुर अम्न हो वतन ये दुआ माँग रहा रहा हूँ।
ख़ुश हो सभी का मन ये दुआ माँग रहा हूँ।।
पौधे तअस्सुबात[8] के जितने हों सूख जायें।
फूले फले चमन ये दुआ माँग रहा हूँ।।

•

मुहब्बतें मेरा मक़सद है इश्क़ मेरा जुनून।
जो नफ़रतों से बदल जाये ऐसी साख़्त[9] नहीं।।
वतन परस्ती के जज़्बे से है मेरी पहचान।
अब इस शिनाख़्त से बढ़कर कोई शिनाख़्त नहीं।।

•

---

4. सहरा=बियाबान, 5. गुलशन=बाग़, 6. रस्मन=औपचारिक, 7. फ़ज़ा=वातावरण, 8. तअस्सुबात= भेदभाव, 9. साख़्त=संरचना।

मुतफ़र्रिक़ अश्आर

•

बढ़ाओ हौसला औरों का ख़ुद रहो महफ़ूज़।
जो वक़्त आया है उसको गुज़र भी जाना है।।

•

सभी के दिल में बसने का हुनर तुम सीख लो 'साहिल'।
तुम्हारे बाद भी तुमको ज़माना याद रक्खेगा।।

•

मरने भी न देगा मुझे शायद ये मेरा ग़म।
मुझको मेरे बच्चों ने पलटकर नहीं देखा।।

•

मुफ़लिसी[1] आनी थी आयी भी और चली भी गयी।
मगर उस शख़्स ने किरदार[2] अपना बेच दिया।।

•

हसरतें[3] ले के चले आये वो इतनी सारी।
गोया[4] बाज़ार में सब कुछ उन्हें मिल जायेगा।।

•

1. मुफ़लिसी=निर्धनता, 2. किरदार=चरित्र, 3. हसरतें=इच्छाएँ, 4. गोया=माना कि।

•

सच का जुनूँ है मुझमें मेरा हौसला तो देख।
बाज़ू कटे हैं पर मेरे सीने में आग है।।

•

इतना डूबा हूँ कि मुश्किल है सँभलना मेरा।
क्या ग़ज़ब है तेरी आँखों का समन्दर होना।

•

तेरी यादें मेरा हर ग़म भुला देती तो हैं लेकिन।
कसक रहती है फिर क्यों अब तेरे दीदार की बाक़ी।।

•

लबों[5] का हुस्न-ए-तबस्सुम[6] भी ठीक है लेकिन
लहू[7] भी चाहिए थोड़ा किसी ग़ज़ल के लिये

•

छुपाये फिरता है आँखों में अपनी दर्द औरों का
अजब वो शख़्स है ख़ुद को कभी तन्हा[8] नहीं रखता

•

ग़मों की धूप हवादिस[9] की आँच में तप कर।
वो शख़्स देखिए कुन्दन[10] दिखाई देने लगा।।

•

❑❑❑

---

5. लबों=होंटों, 6. हुस्न-ए-तबस्सुम=ख़ूबसूरत मुस्कुराहट, 7. लहू=रक्त, 8. तन्हा=अकेला, 9. हवादिस=दुर्घटनाएँ, 10. कुन्दन=शुद्ध सोना।